Will Shortz Presents
The Little Pink Book of

KENKEN®

"KenKen®: Logic Puzzles That Make You Smarter":

Will Shortz Presents Tame KenKen
Will Shortz Presents Wild KenKen
Will Shortz Presents KenKen to Go

KenKen® for Kids

WILL SHORTZ PRESENTS
THE LITTLE PINK BOOK OF
KENKEN®

EASY TO HARD LOGIC PUZZLES THAT MAKE YOU SMARTER

TETSUYA MIYAMOTO

ST. MARTIN'S GRIFFIN
NEW YORK

Some of the puzzles in this volume have previously appeared in *Will Shortz Presents KenKen for Stress Relief*, *Will Shortz Presents KenKen to Go*, *Will Shortz Presents The Puzzle Doctor: KenKen Fever*.

www.stmartins.com

ISBN 978-0-312-65422-1

First Edition: September 2010

10 9 8 7 6 5 4 3 2 1

Easy +/–/×/÷ 1

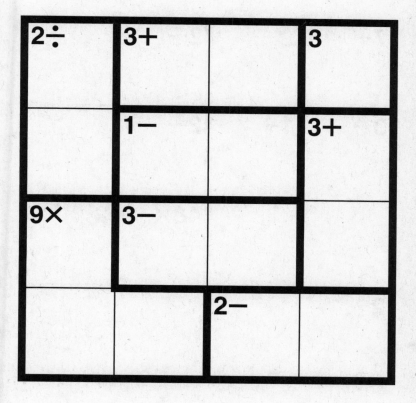

2 Easy +/–/×/÷

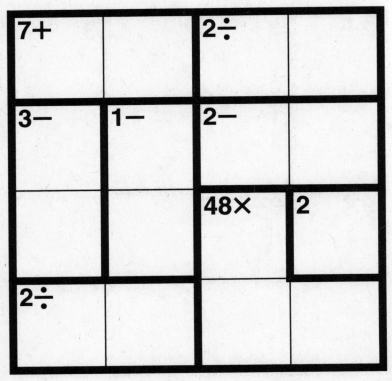

Easy +/–/×/÷ **3**

2–	4	3–	6×
	2÷		
2		1–	3–
7+			

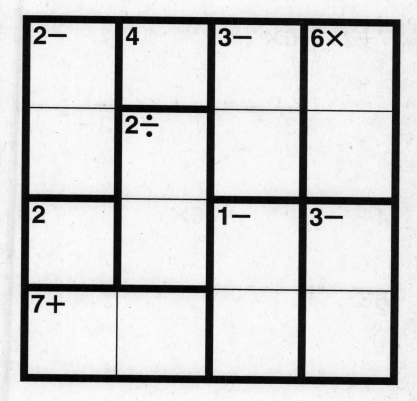

4 Easy +/−/×/÷

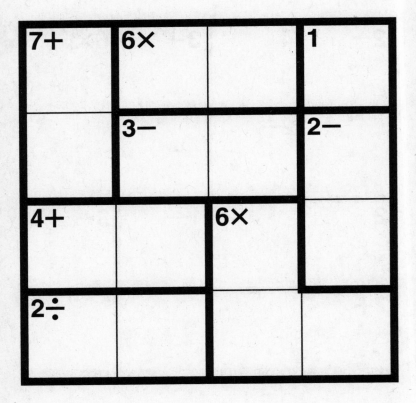

Easy +/–/×/÷ 5

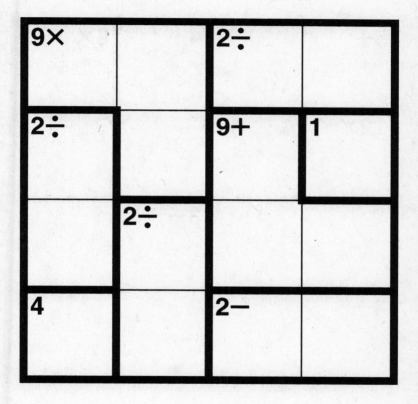

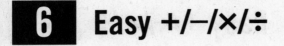

6 Easy +/−/×/÷

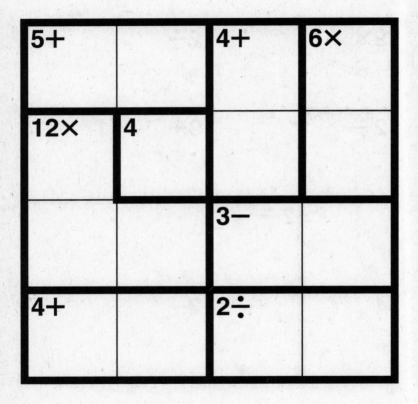

Easy +/–/×/÷ **7**

2÷		12×	3–
4+	2÷		
		7+	
7+		1	

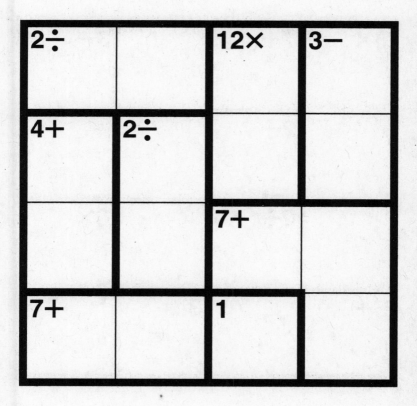

8 Easy +/−/×/÷

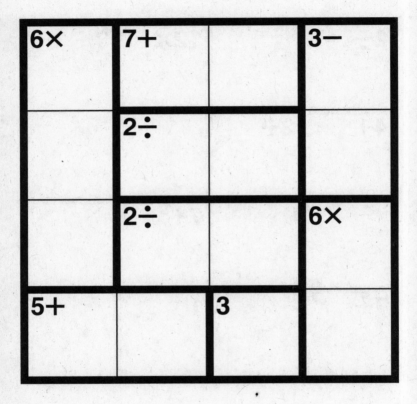

Easy +/−/×/÷ 9

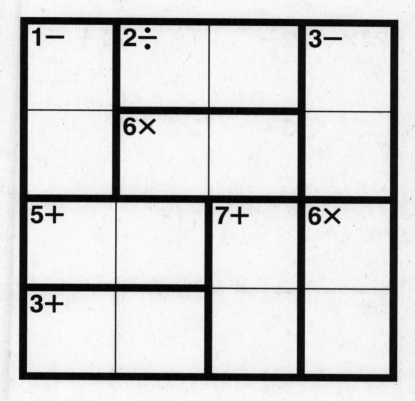

10 Easy +/–/×/÷

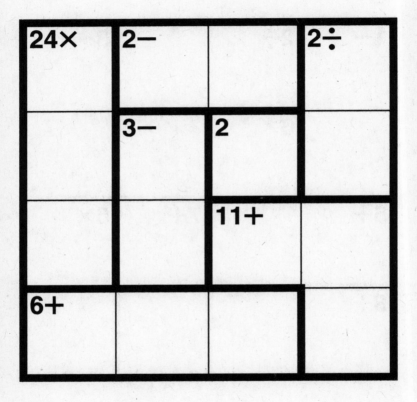

Easy +/–/×/÷ **11**

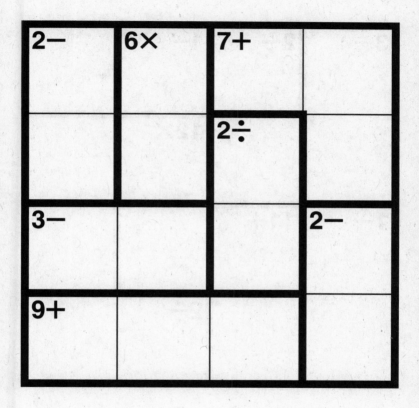

12 Easy +/−/×/÷

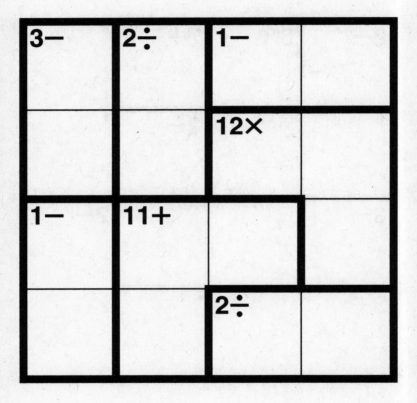

Easy +/–/×/÷ 13

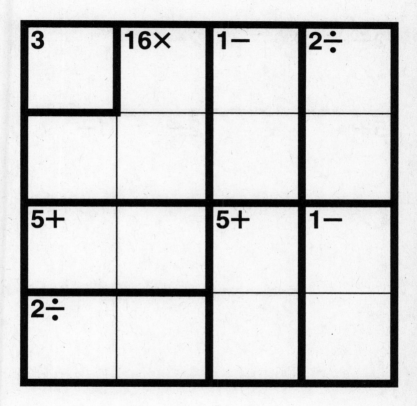

14 Easy +/−/×/÷

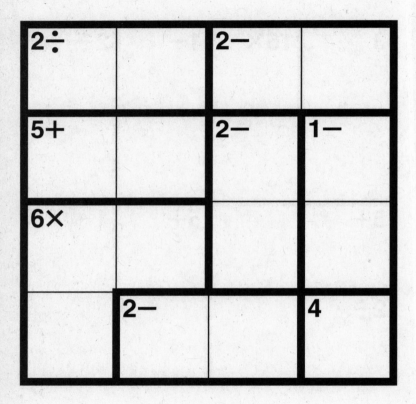

Easy +/−/×/÷ 15

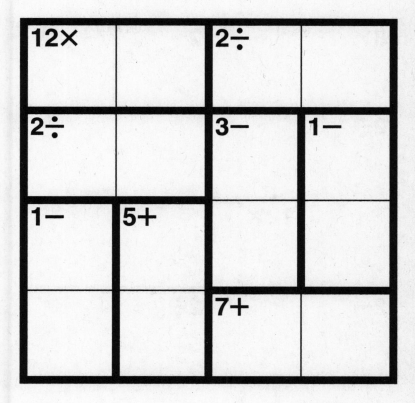

16 Easy +/–/×/÷

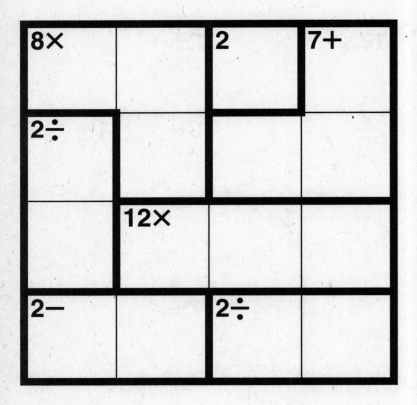

Easy +/−/×/÷ 17

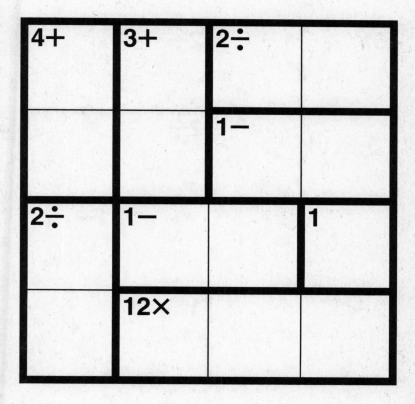

18 Easy +/–/×/÷

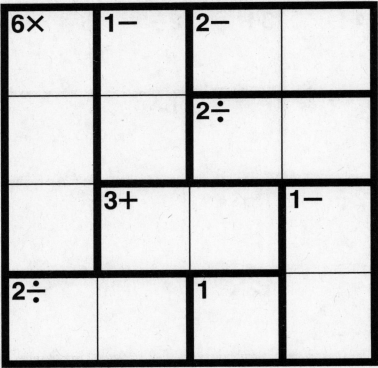

Easy +/−/×/÷ 19

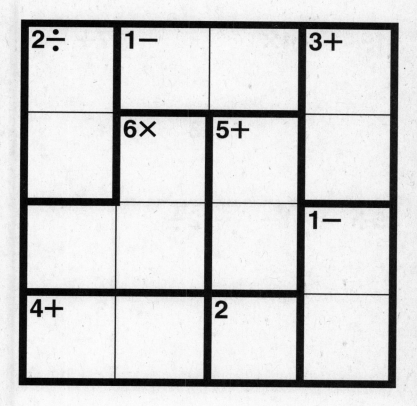

20 Easy +/–/×/÷

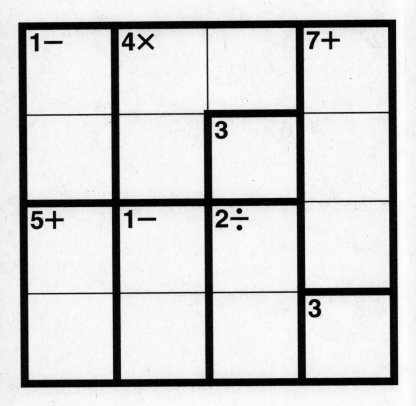

Easy +/–/×/÷ 21

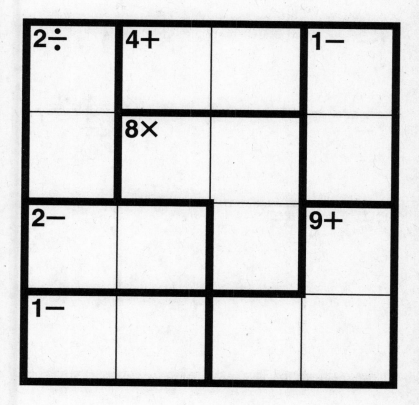

22 Easy +/−/×/÷

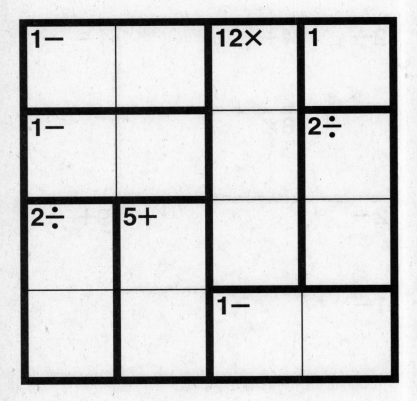

Easy +/–/×/÷ 23

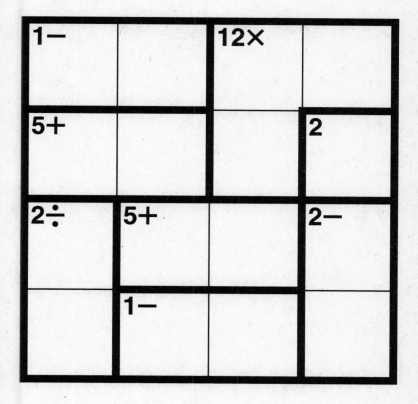

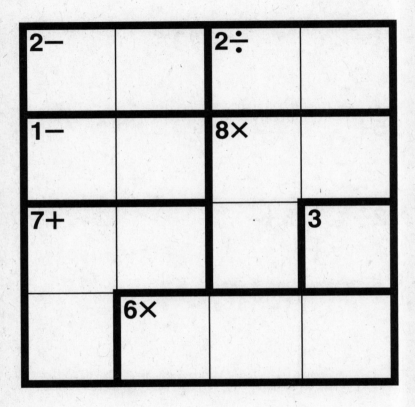

Easy +/–/×/÷ 25

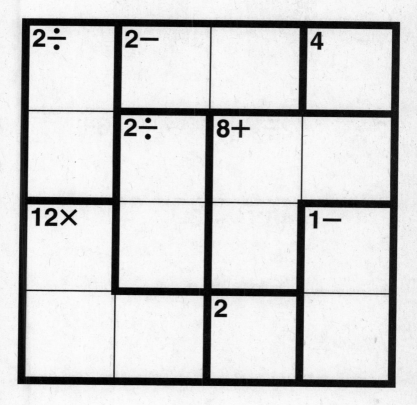

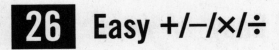

26 Easy +/−/×/÷

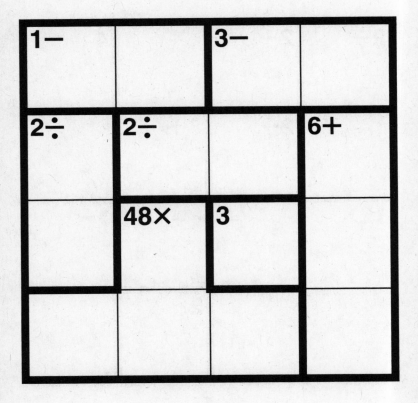

Easy +/–/×/÷ 27

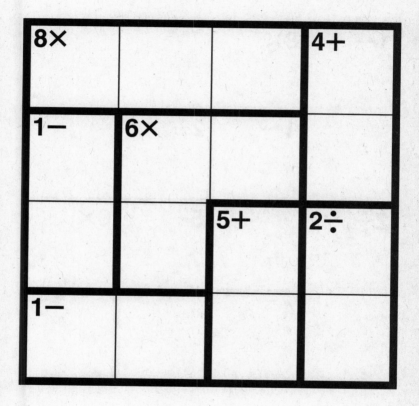

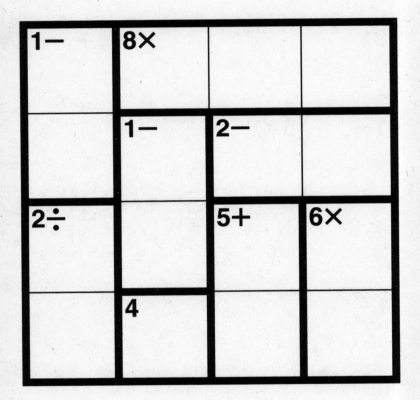

Easy +/–/×/÷ 29

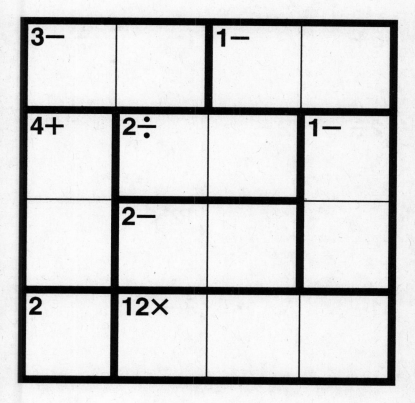

30 Easy +/–/×/÷

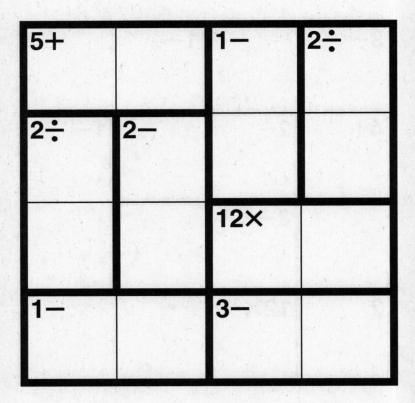

Easy +/−/×/÷ 31

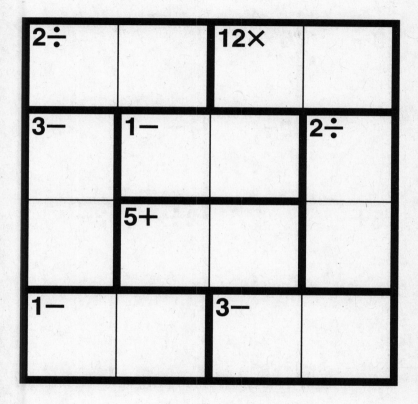

32 Easy +/−/×/÷

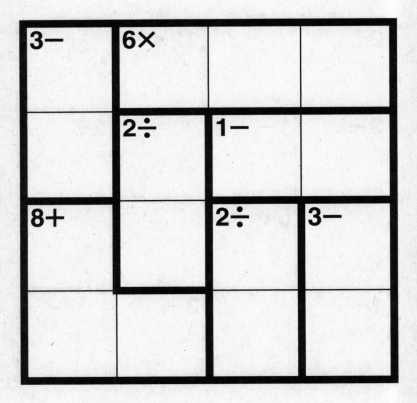

Easy +/−/×/÷   33

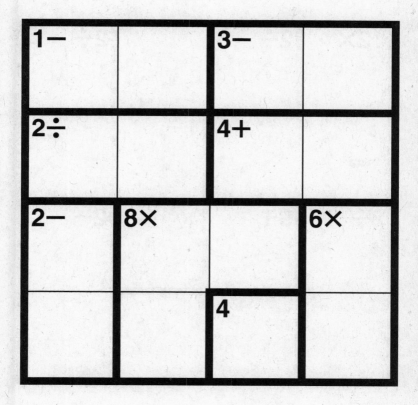

34 Easy +/–/×/÷

12×	2÷		2÷
		1–	
2÷	9+		2–

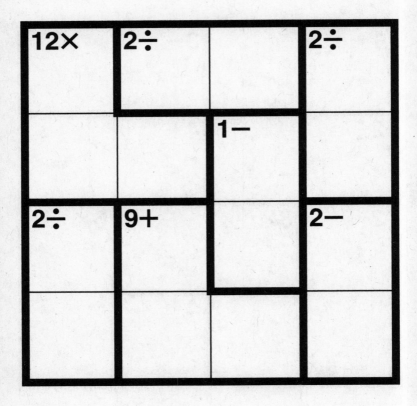

Easy +/–/×/÷ 35

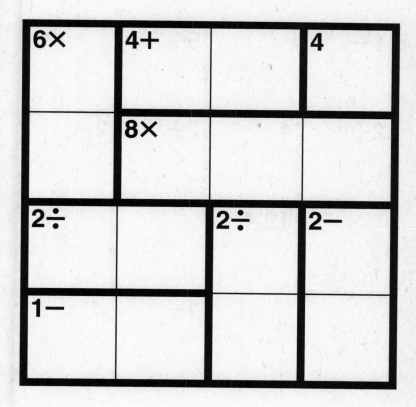

36 Easy +/–/×/÷

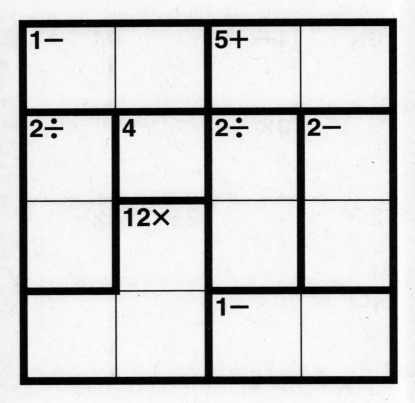

Easy +/−/×/÷ 37

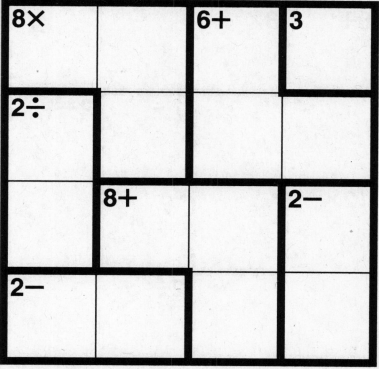

38 Easy +/–/×/÷

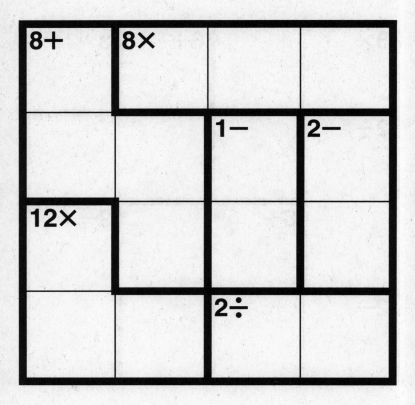

Easy +/–/×/÷ 39

3	3–	2–	
8×		2–	
	7+		2÷
	1–		

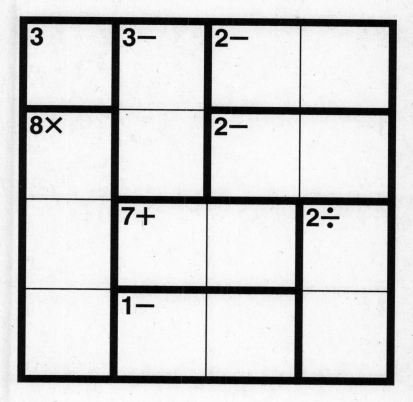

40 Easy +/–/×/÷

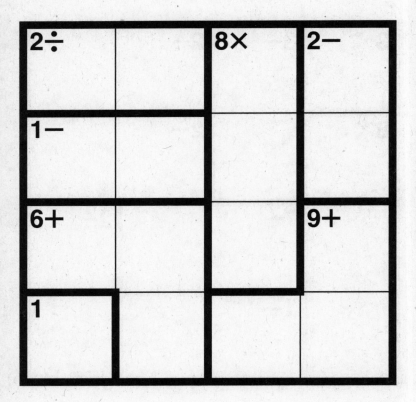

Easy +/−/×/÷ 41

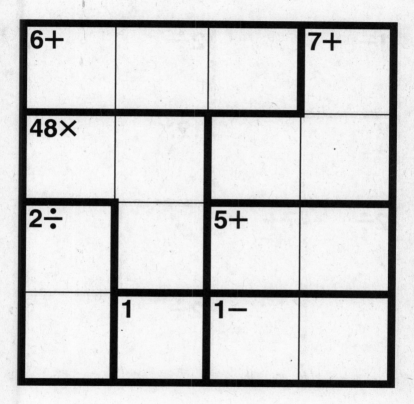

42 Easy +/−/×/÷

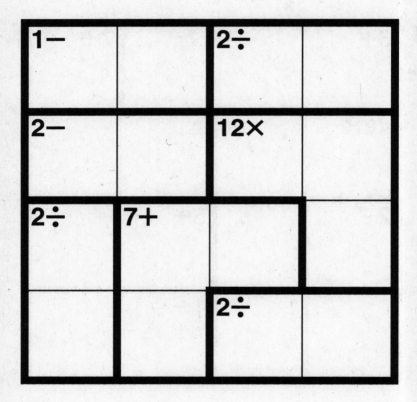

Easy +/−/×/÷ 43

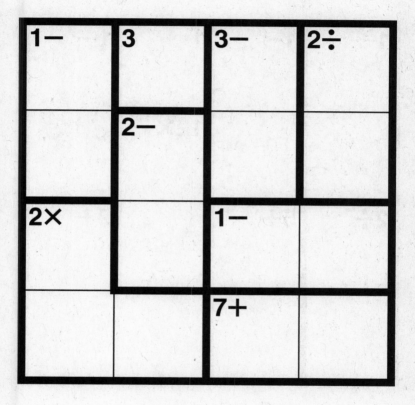

44 Easy +/–/×/÷

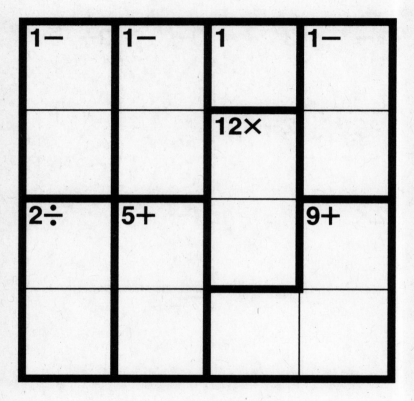

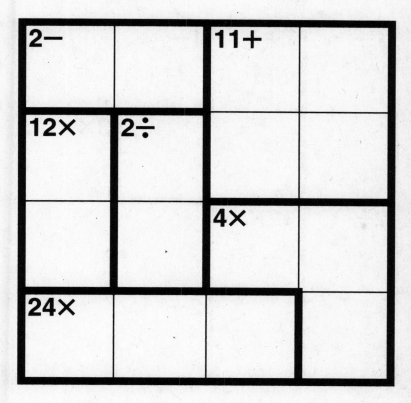

46 Easy +/–/×/÷

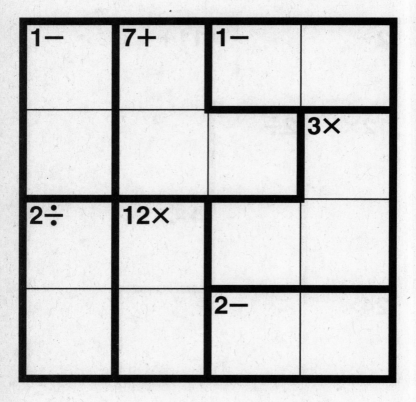

Easy +/–/×/÷ 47

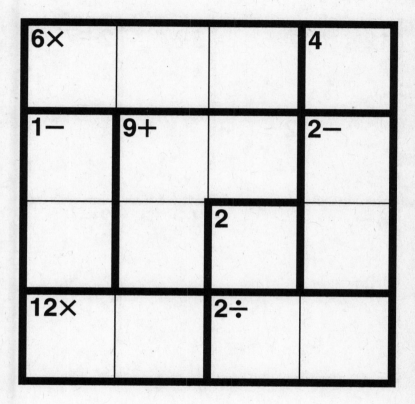

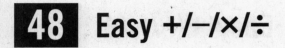

48 Easy +/−/×/÷

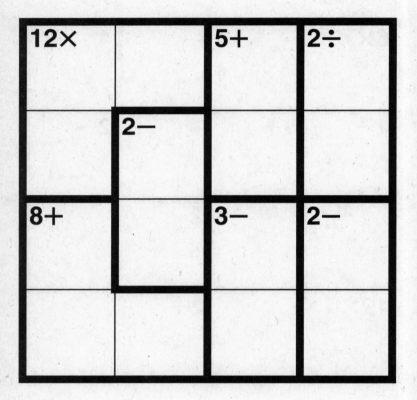

Easy +/−/×/÷ 49

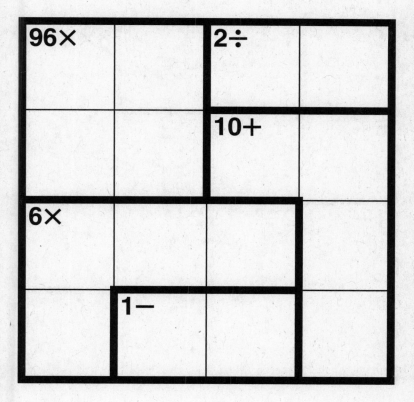

50 Easy +/–/×/÷

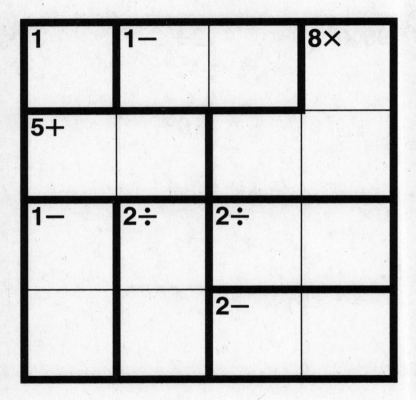

Easy +/−/×/÷ 51

16×		6+	
	1−		
3	6+	3−	2÷

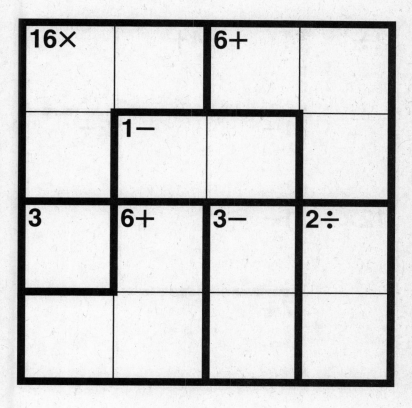

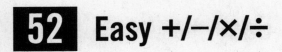

52 Easy +/−/×/÷

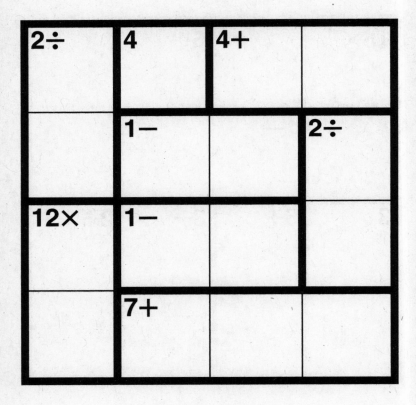

2÷	4	4+	
	1−		2÷
12×	1−		
	7+		

Easy +/–/×/÷ 53

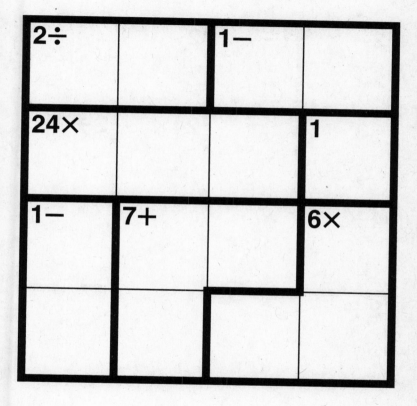

54 Easy +/–/×/÷

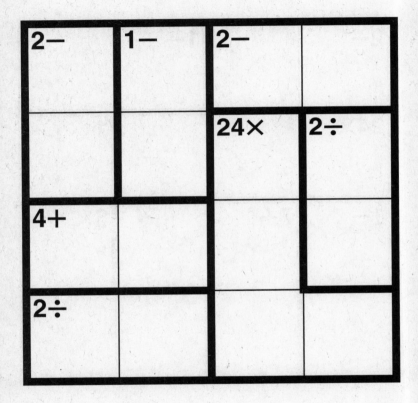

Easy +/–/×/÷ 55

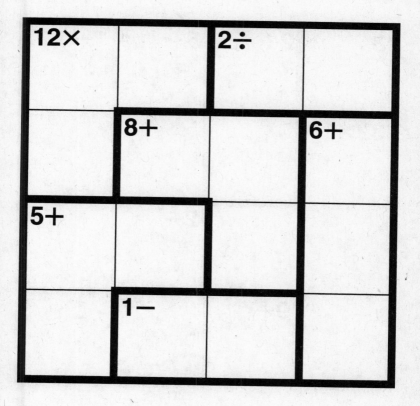

56 Easy +/–/×/÷

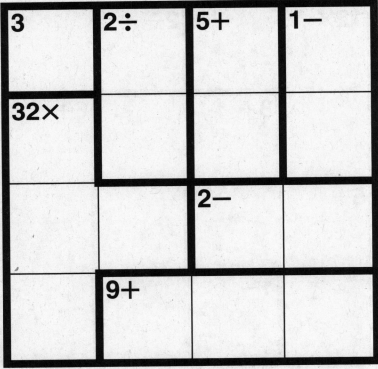

Easy +/−/×/÷ 57

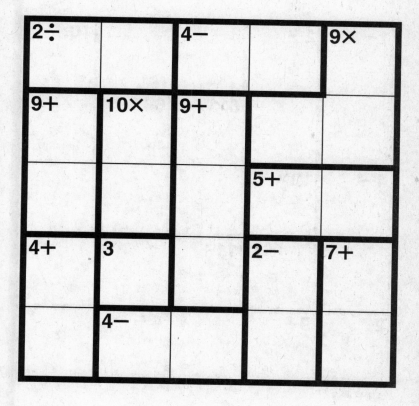

58 Easy +/–/×/÷

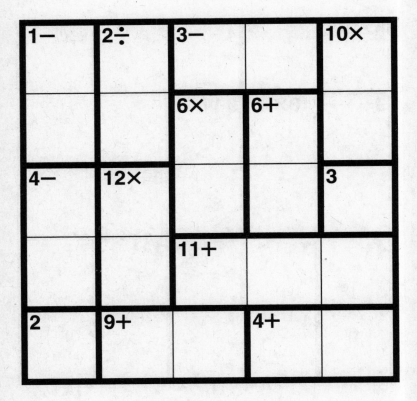

Easy +/−/×/÷ 59

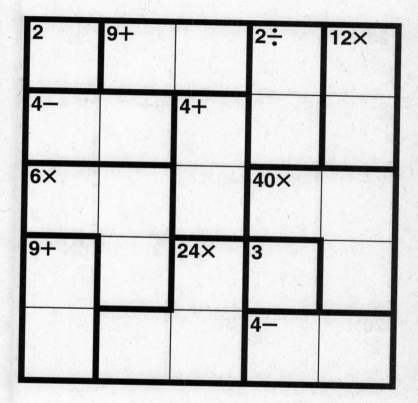

60 Easy +/−/×/÷

24×			4−	
3	5×		9+	1−
2÷		40×		
			3	8×
20×		3		

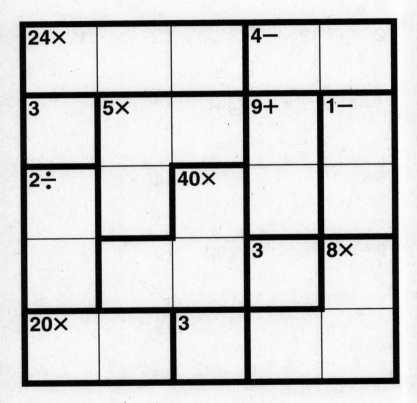

Easy +/−/×/÷ 61

4−		2÷		1−
2	15×			
7+			3	7+
8+	1	12×		
	2÷		4−	

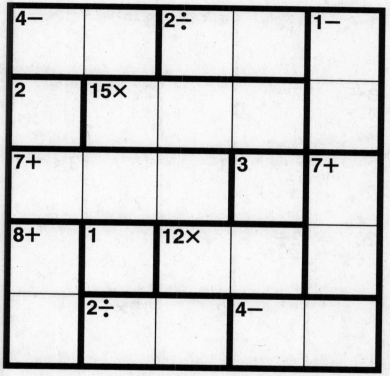

62 Easy +/–/×/÷

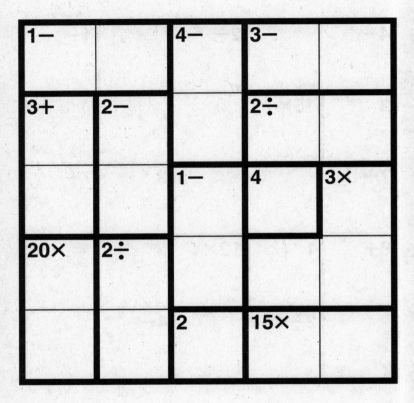

Easy +/–/×/÷ **63**

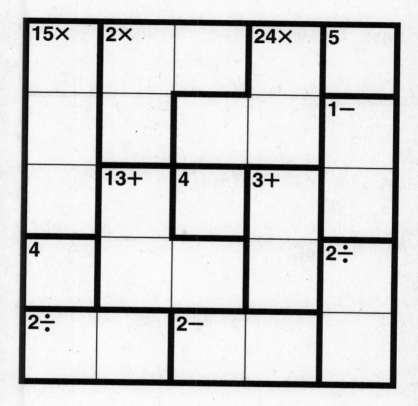

64 Easy +/−/×/÷

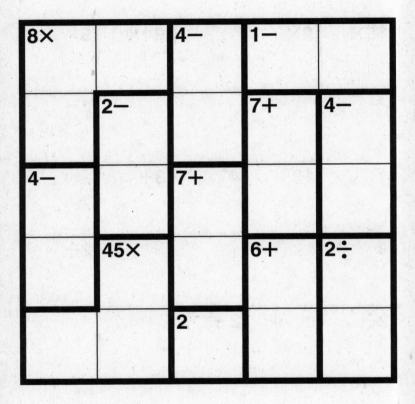

Easy +/−/×/÷ 65

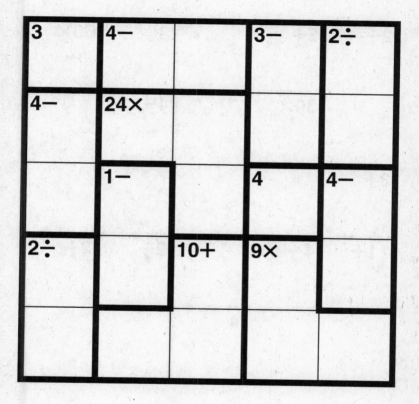

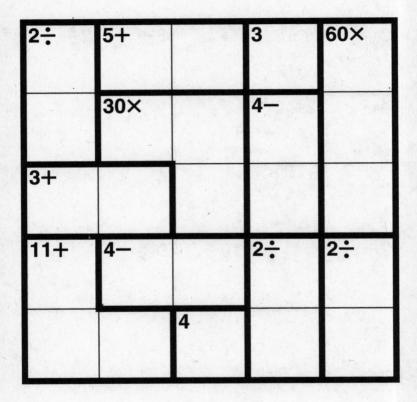

2÷	5+		3	60×
	30×		4−	
3+				
11+	4−		2÷	2÷
		4		

Easy +/−/×/÷ 67

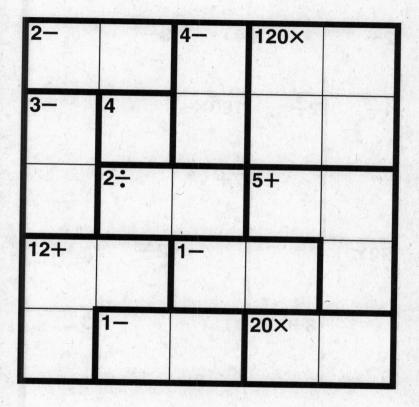

68 Easy +/−/×/÷

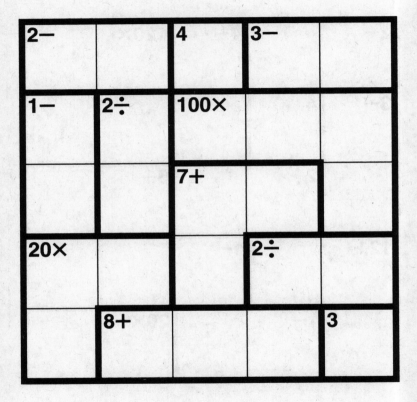

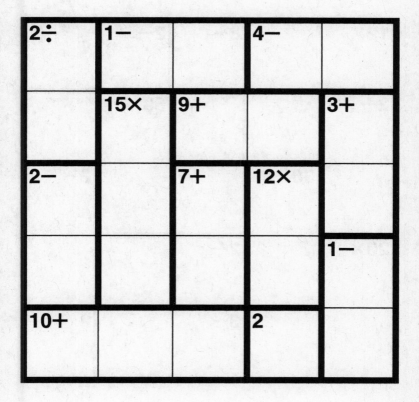

70 Easy +/−/×/÷

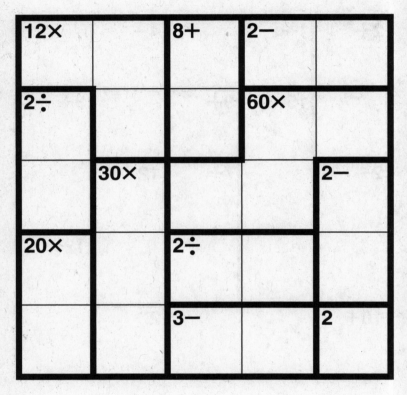

Easy +/−/×/÷ 71

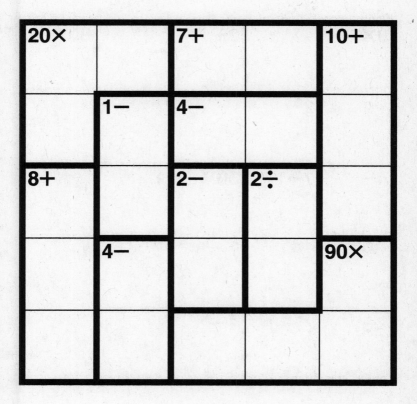

72 Easy +/–/×/÷

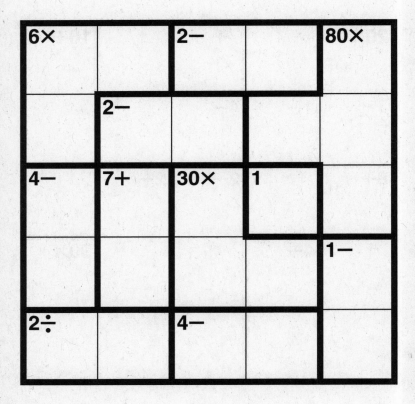

Easy +/–/×/÷ 73

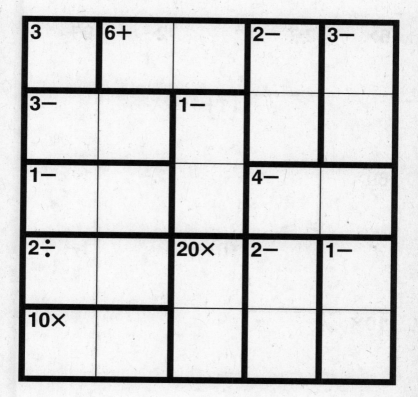

74 Easy +/−/×/÷

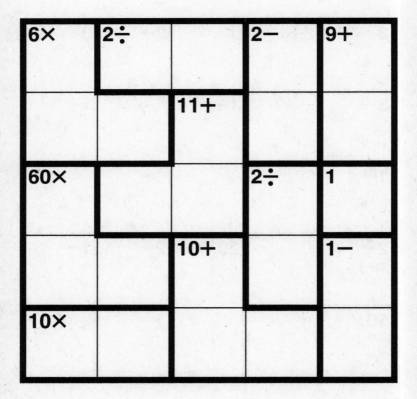

Easy +/–/×/÷ 75

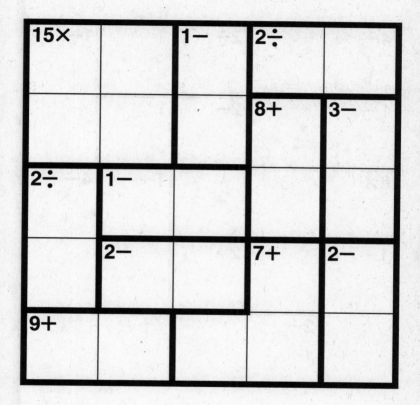

76 Easy +/−/×/÷

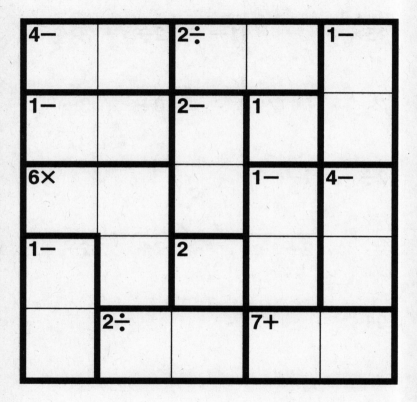

Easy +/–/×/÷ 77

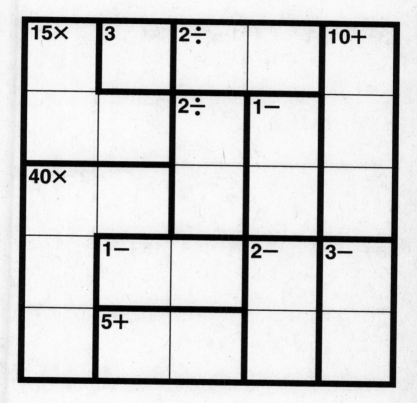

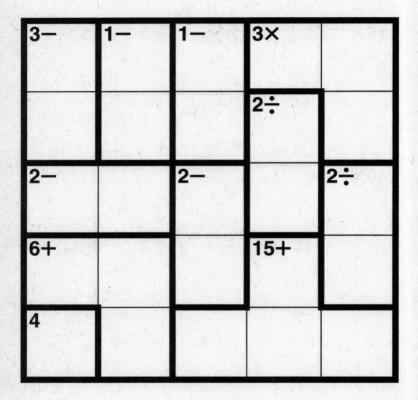

78 Easy +/–/×/÷

3–
1–
1–
3×
2÷
2–
2–
2÷
6+
15+
4

Easy +/−/×/÷ 79

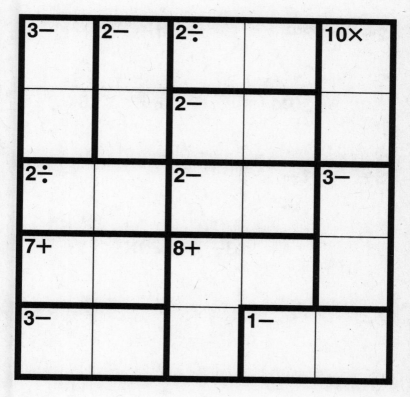

80 Easy +/–/×/÷

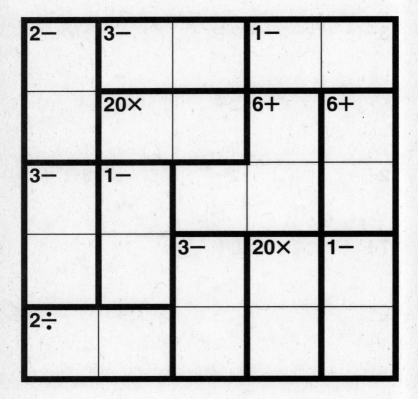

Easy +/−/×/÷   81

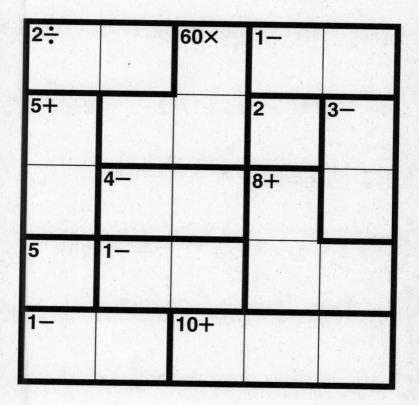

82 Easy +/–/×/÷

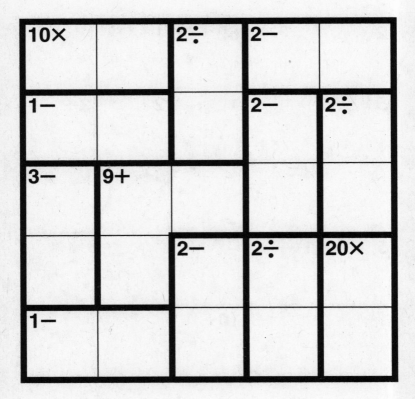

Easy +/−/×/÷ 83

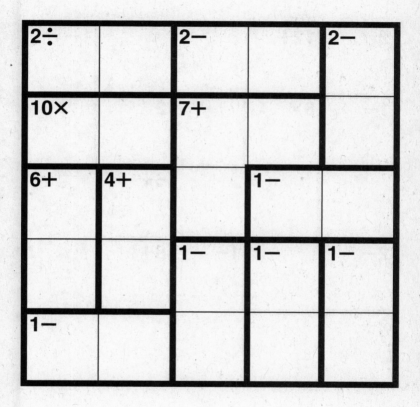

84 Easy +/−/×/÷

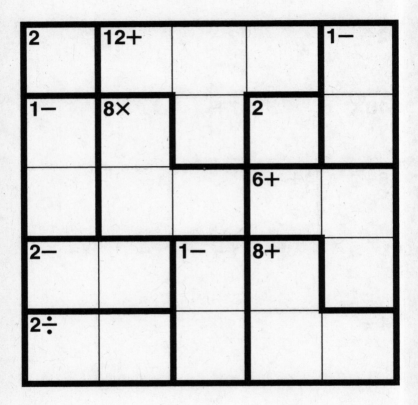

Easy +/–/×/÷ 85

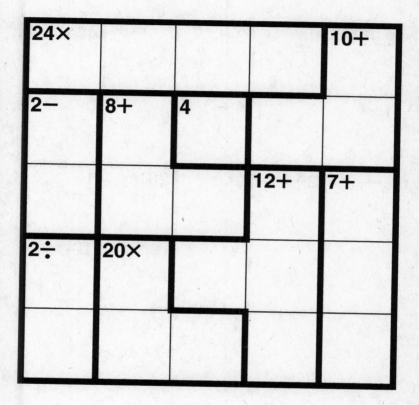

86 Easy +/−/×/÷

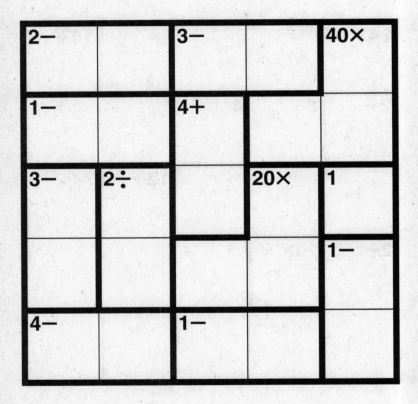

Easy +/−/×/÷ 87

3	9+		40×	
4−	12+	2÷		
2÷	4−	3−	18×	
			5	

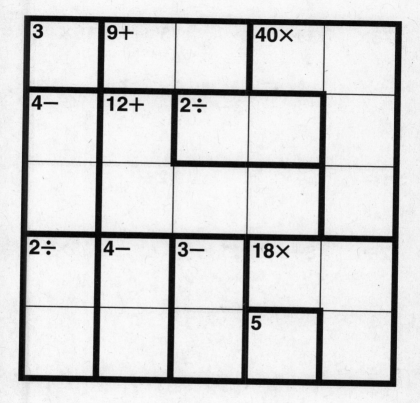

88 Easy +/−/×/÷

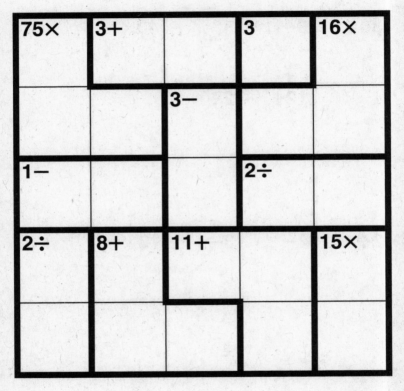

75×	3+		3	16×
		3−		
1−			2÷	
2÷	8+	11+		15×

Easy +/–/×/÷ 89

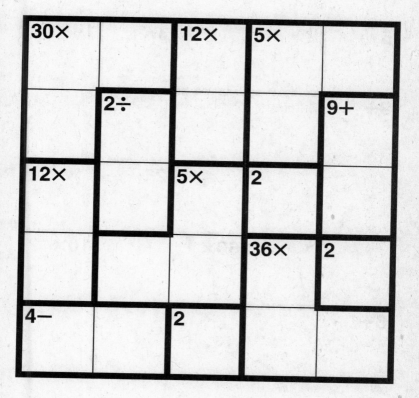

90 Easy +/–/×/÷

5	2÷		3×	1–
9+	14+			
			2÷	
	1	60×		10×
6+				

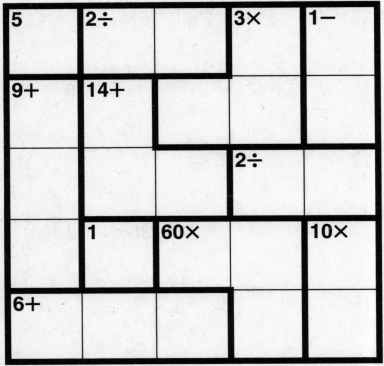

Easy +/–/×/÷ 91

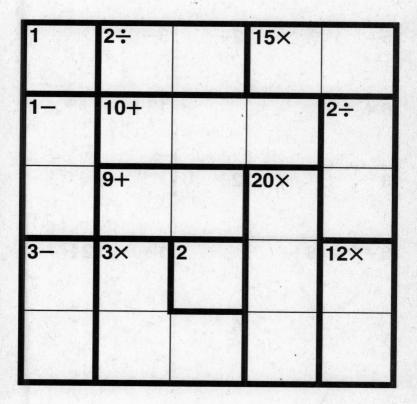

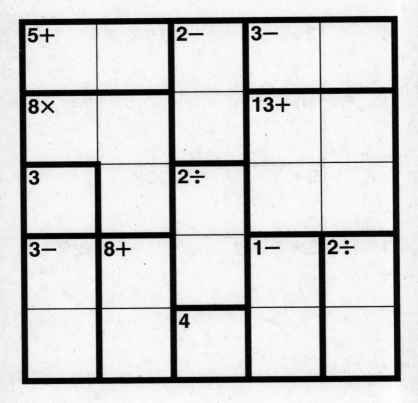

Easy +/−/×/÷　93

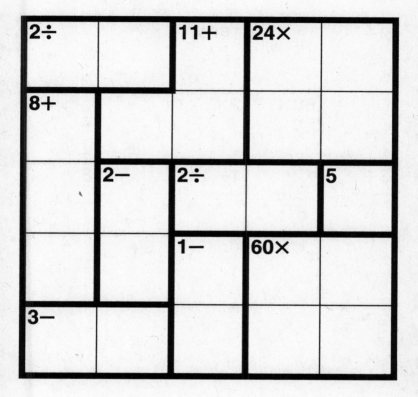

94 Easy +/–/×/÷

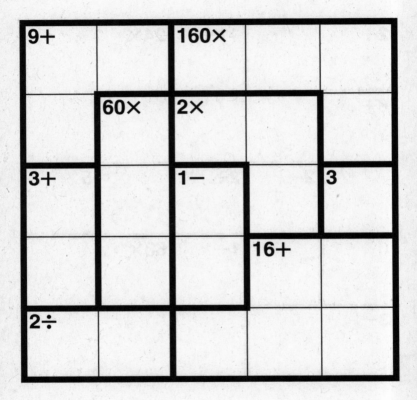

Easy +/−/×/÷ 95

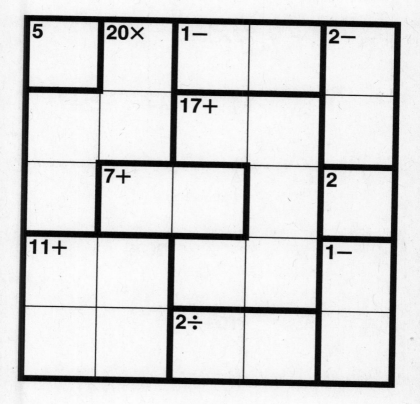

5	20×	1−		2−
		17+		
	7+			2
11+				1−
		2÷		

96 Easy +/–/×/÷

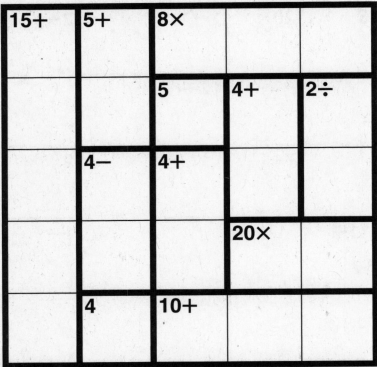

Easy +/−/×/÷ 97

2÷	4−		1−	
	11+	8+	2−	
15×			2	6+
	1−		20×	

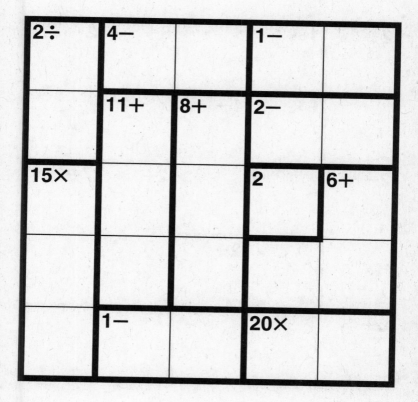

98 Easy +/−/×/÷

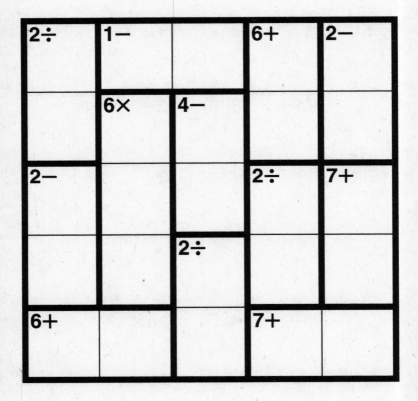

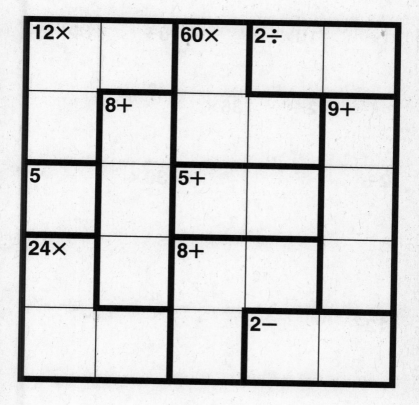

100 Easy +/−/×/÷

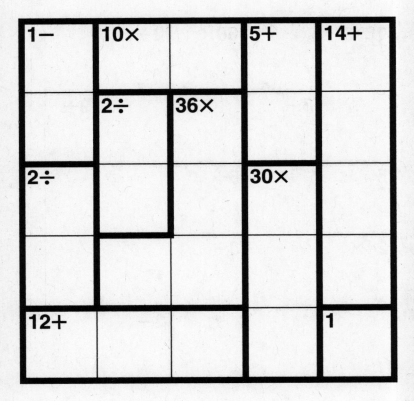

1−	10×		5+	14+
	2÷	36×		
2÷			30×	
12+				1

Easy +/−/×/÷ 101

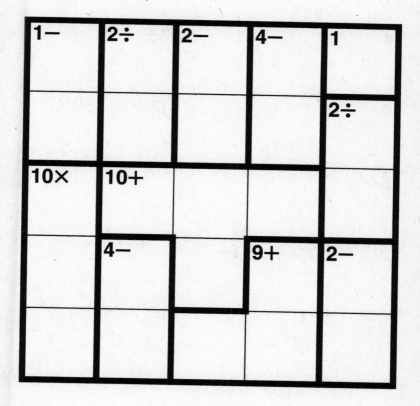

102 Easy +/–/×/÷

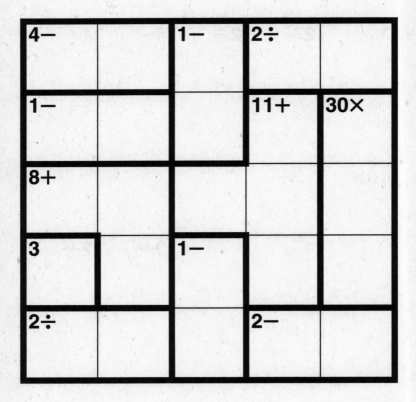

Easy +/–/×/÷ 103

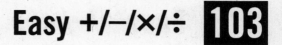

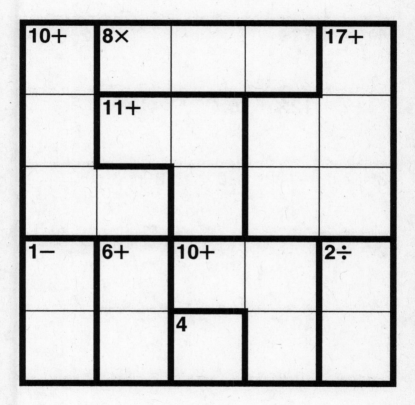

104 Easy +/−/×/÷

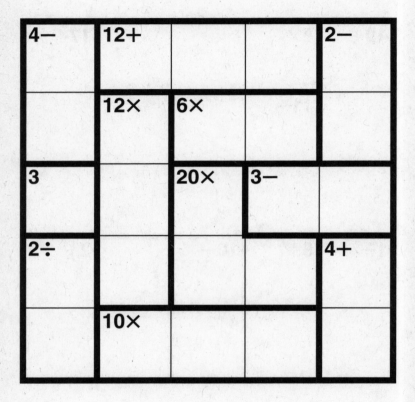

Easy +/–/×/÷ 105

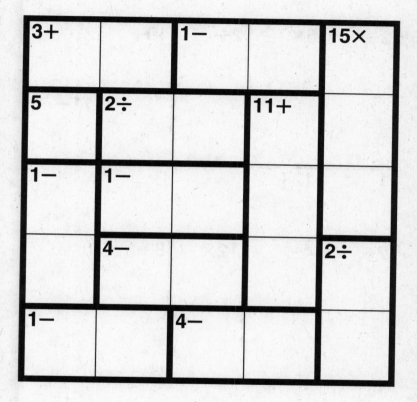

106 Easy +/−/×/÷

2−	6×	2÷	10+	
				11+
1	12+			
2÷	4−	12×	6+	

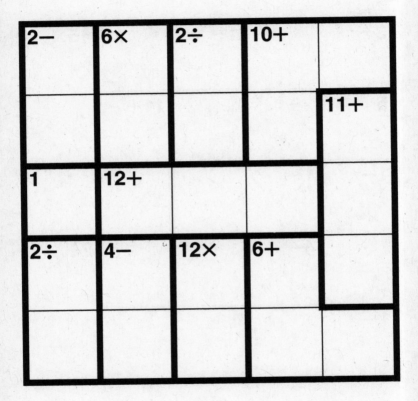

Easy +/−/×/÷ 107

12+	6+	2÷		1−
		3	12×	
	11+			5
2÷	1−			5+
		20×		

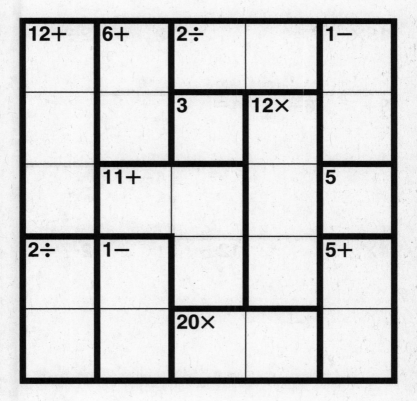

108 Easy +/−/×/÷

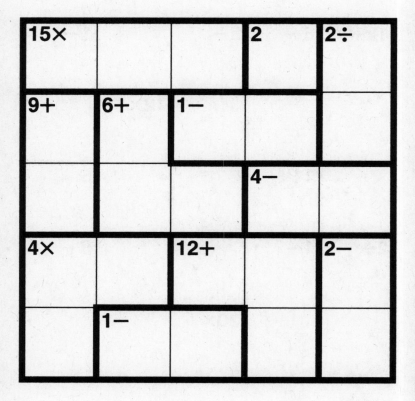

Easy +/−/×/÷ 109

240×		6+		7+
2−		2÷		1
6×	2÷		11+	1−

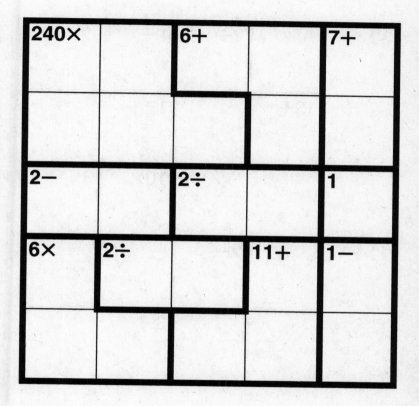

110 Easy +/–/×/÷

30×		2÷	1–	
	13+		1–	
			10×	3
11+		2–		
			3–	

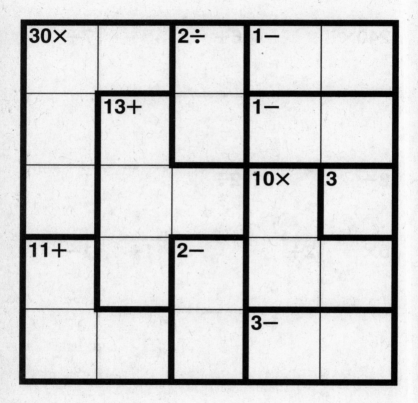

Easy +/−/×/÷ 111

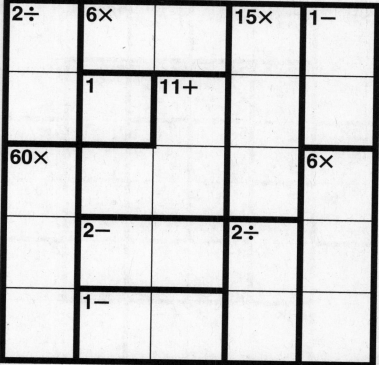

112 Moderate +/−/×/÷

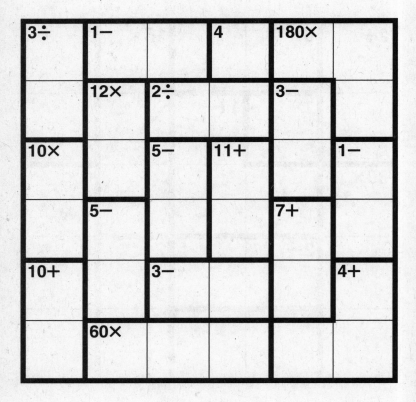

3÷	1−		4	180×	
	12×	2÷		3−	
10×		5−	11+		1−
	5−			7+	
10+		3−			4+
	60×				

Moderate +/−/×/÷ 113

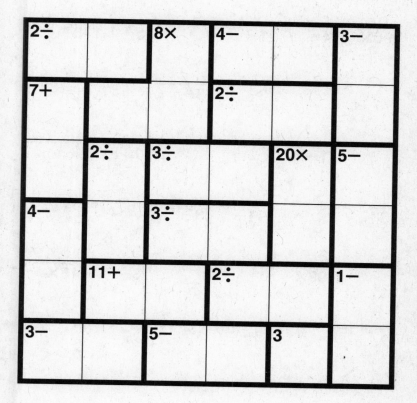

2÷		8×	4−		3−
7+			2÷		
	2÷	3÷		20×	5−
4−		3÷			
	11+		2÷		1−
3−		5−		3	

114 Moderate +/−/×/÷

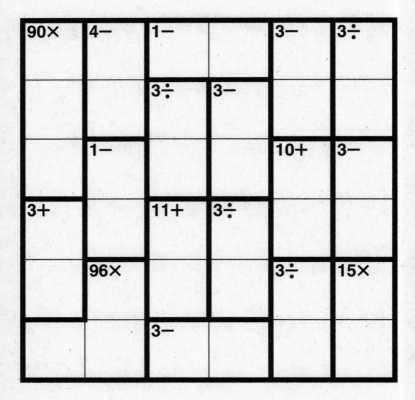

Moderate +/−/×/÷ 115

2÷		4−		32×	
2−	3−	5−	3÷		
			14+		5−
2−	3−	7+	2		
			3÷		75×
5−		2÷			

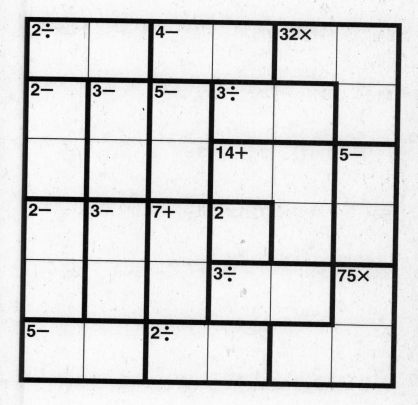

116 Moderate +/−/×/÷

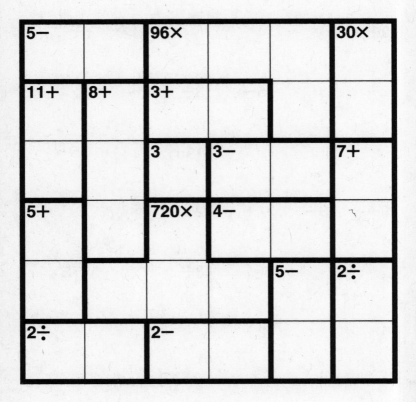

5−		96×			30×
11+	8+	3+			
		3	3−		7+
5+		720×	4−		
				5−	2÷
2÷		2−			

Moderate +/–/×/÷ 117

60×	6×	2÷		5–	1
		11+			2÷
	7+		15×		
17+		3–	3÷	9+	
7+					16+
		5+			

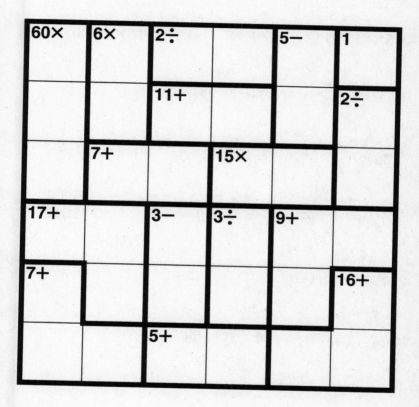

118 Moderate +/−/×/÷

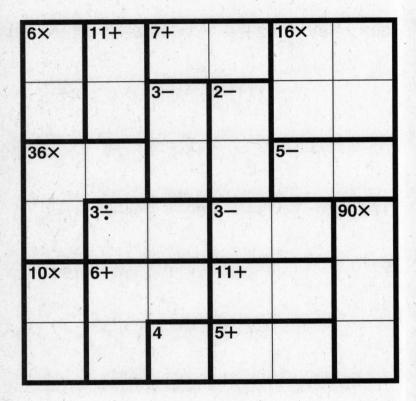

6×	11+	7+		16×	
		3−	2−		
36×				5−	
	3÷		3−		90×
10×	6+		11+		
		4	5+		

Moderate +/−/×/÷ 119

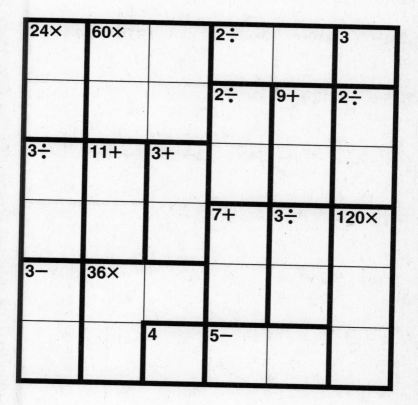

120 Moderate +/−/×/÷

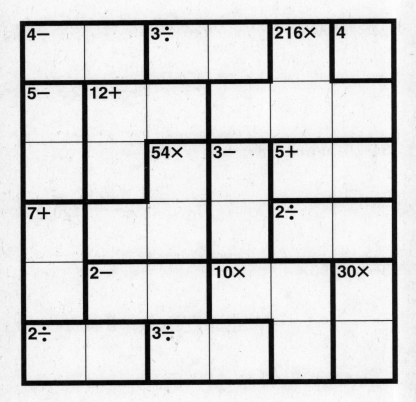

Moderate +/−/×/÷ 121

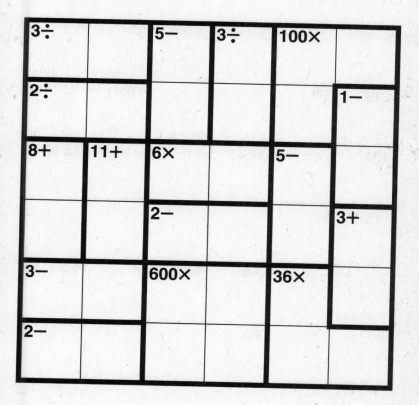

3÷		5−	3÷	100×	
2÷					1−
8+	11+	6×		5−	
		2−			3+
3−		600×		36×	
2−					

122 Moderate +/–/×/÷

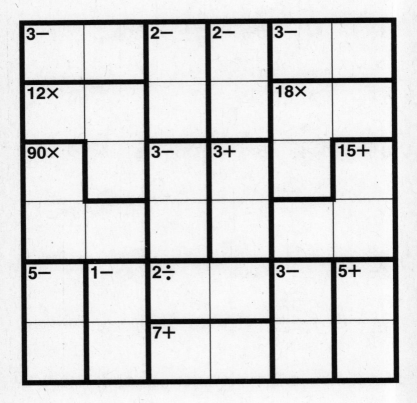

Moderate +/−/×/÷   123

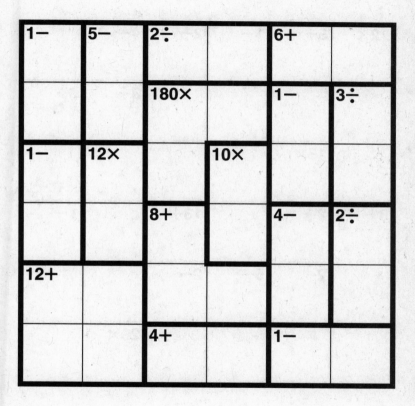

124 Moderate +/−/×/÷

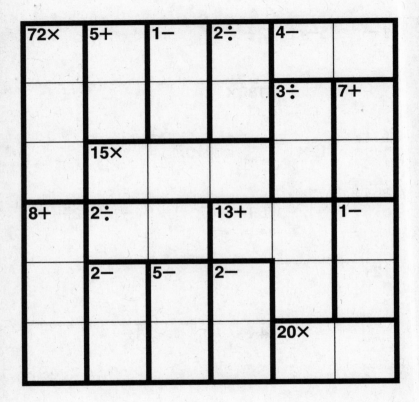

72×	5+	1−	2÷	4−	
				3÷	7+
	15×				
8+	2÷		13+		1−
	2−	5−	2−		
				20×	

Moderate +/−/×/÷ 125

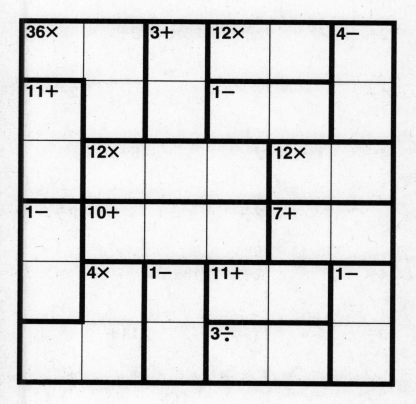

126 Moderate +/−/×/÷

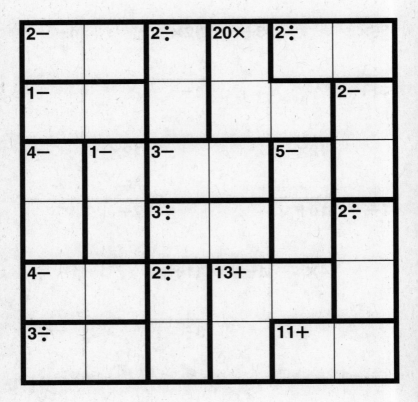

Moderate +/−/×/÷ 127

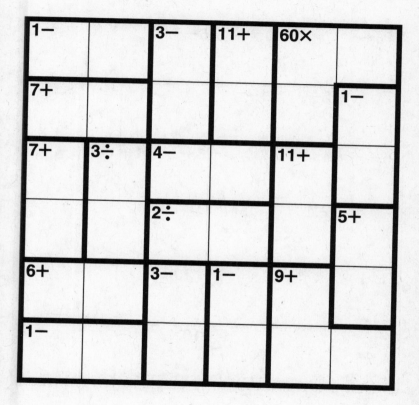

128 Moderate +/−/×/÷

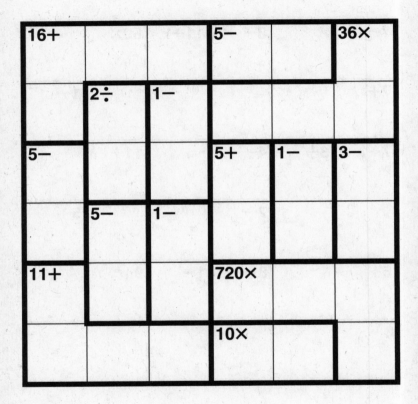

Moderate +/−/×/÷ 129

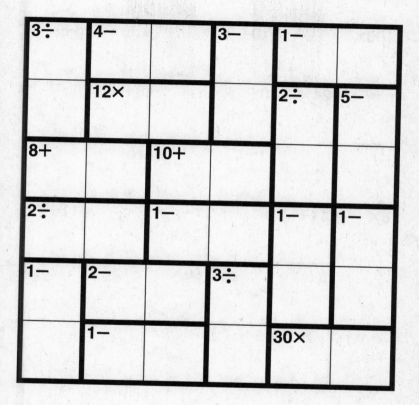

3÷	4−		3−	1−	
	12×			2÷	5−
8+		10+			
2÷		1−		1−	1−
1−	2−		3÷		
	1−			30×	

130 Moderate +/−/×/÷

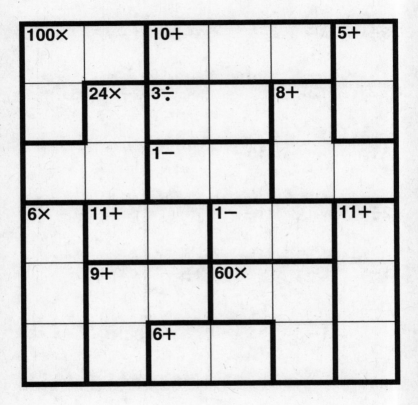

Moderate +/−/×/÷ 131

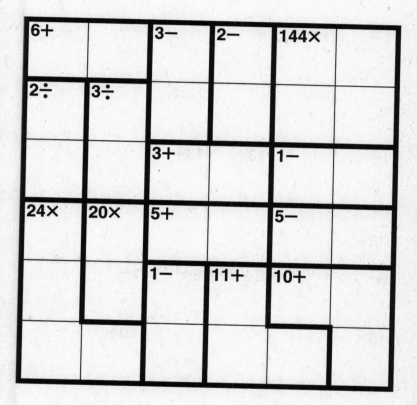

132 Moderate +/−/×/÷

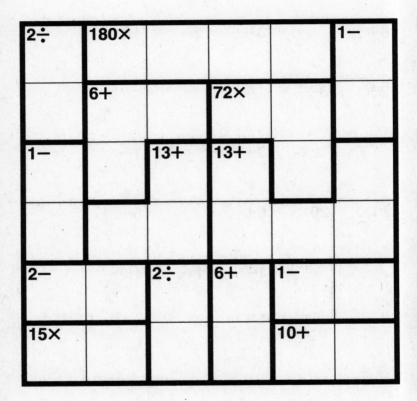

Moderate +/−/×/÷ 133

20×		5−		10+	
3−	1−	12+			
		4−	10+		
2÷	5−			13+	2−
2÷		8+		2−	

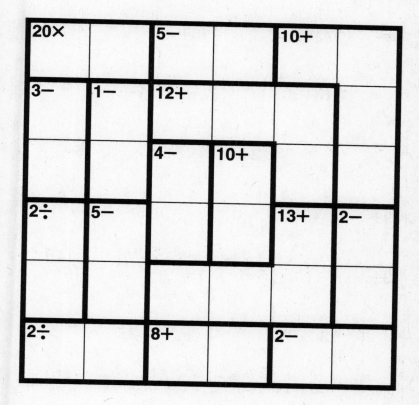

134 Moderate +/−/×/÷

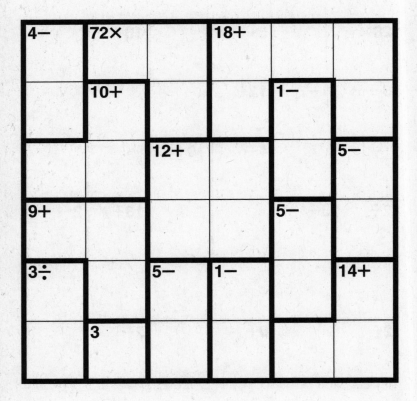

Moderate +/−/×/÷ 135

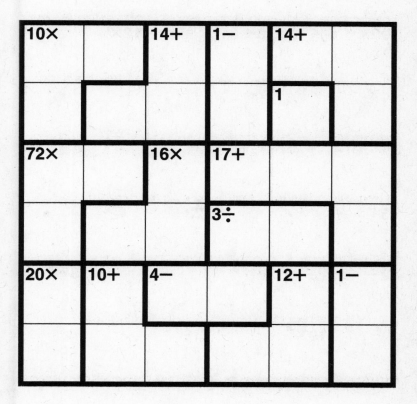

136 Moderate +/–/×/÷

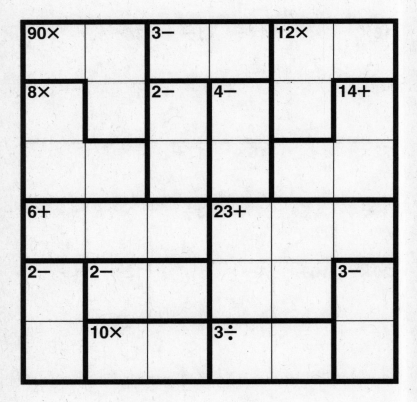

Moderate +/−/×/÷ 137

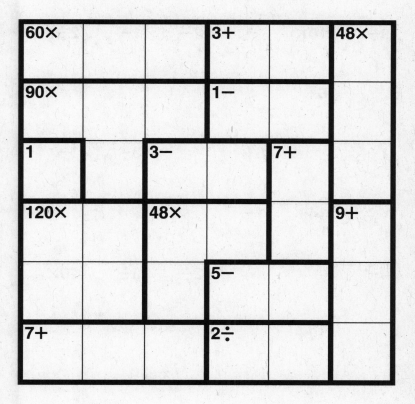

60×			3+		48×
90×			1−		
1		3−		7+	
120×		48×			9+
			5−		
7+			2÷		

138 Moderate +/−/×/÷

3÷	10×		2−	1−	2÷
	6+				
1−		6+		3÷	1−
	14+	1−			
4−			2÷	3÷	20×
	10+				

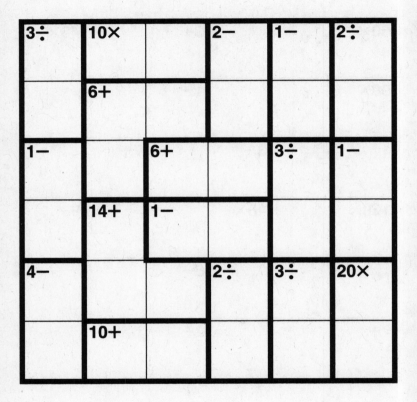

Moderate +/−/×/÷ 139

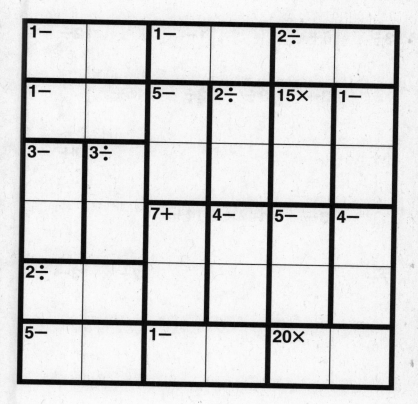

140 Moderate +/−/×/÷

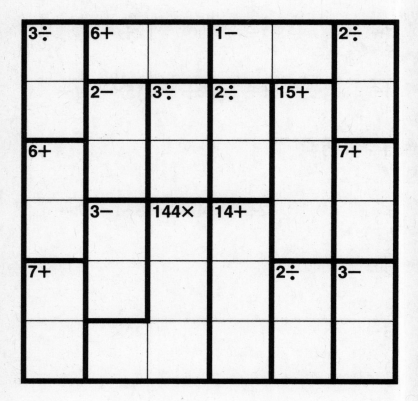

Moderate +/–/×/÷ **141**

8+		30×		3÷	14+
5+		1–			
	3–	4–			
4–		6	8×	90×	
	12+			3–	
		1–			

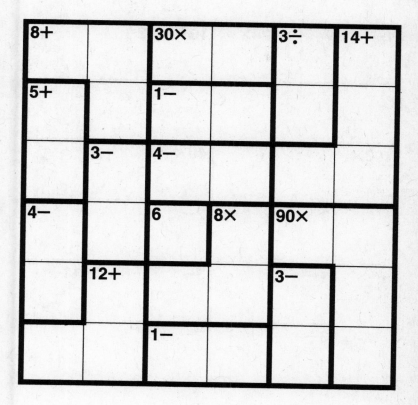

142 Moderate +/−/×/÷

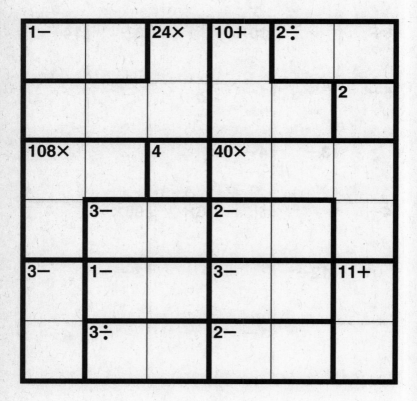

1−		24×	10+	2÷	
					2
108×		4	40×		
	3−		2−		
3−	1−		3−		11+
	3÷		2−		

Moderate +/–/×/÷ 143

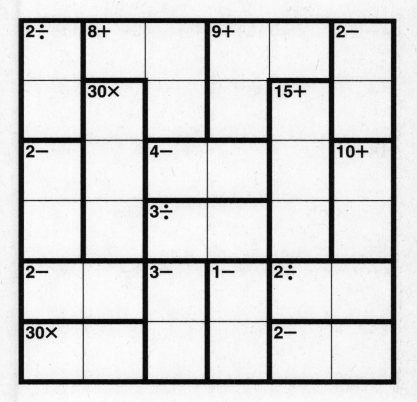

144 Moderate +/−/×/÷

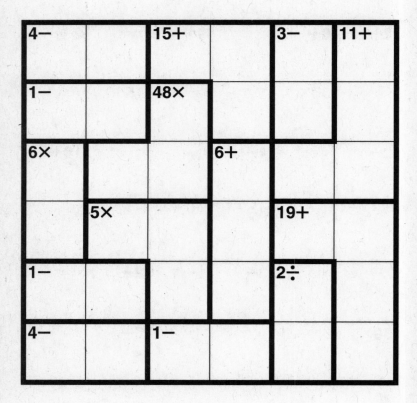

Moderate +/−/×/÷ 145

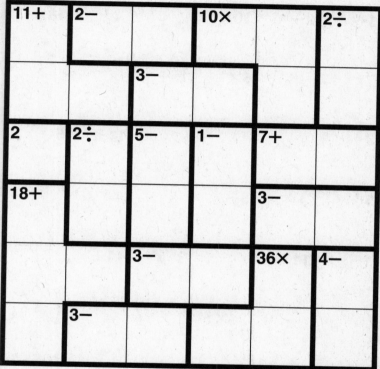

146 Moderate +/–/×/÷

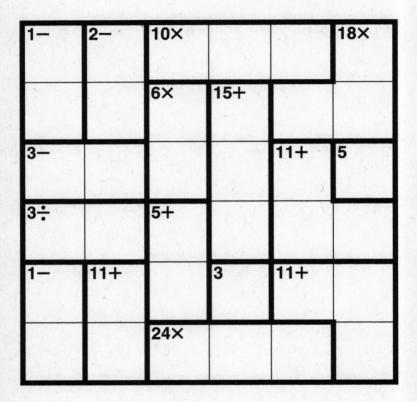

Moderate +/−/×/÷ 147

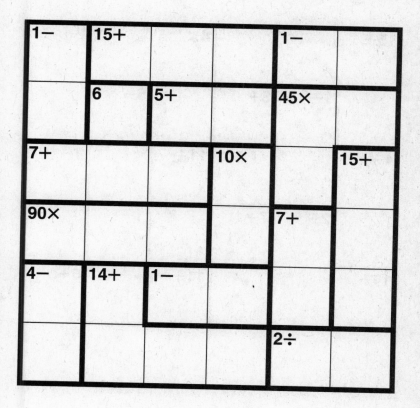

148 Moderate +/–/×/÷

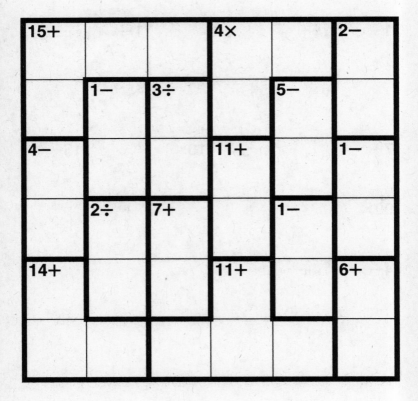

Moderate +/−/×/÷ 149

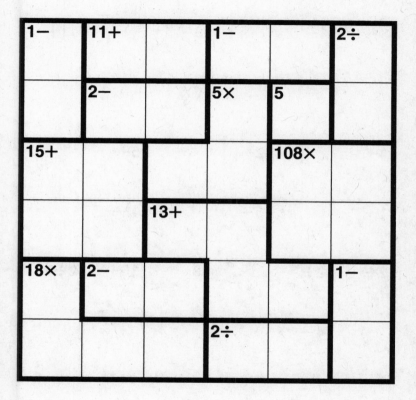

150 Moderate +/−/×/÷

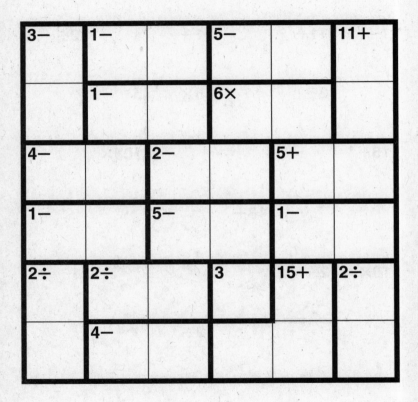

Moderate +/−/×/÷ 151

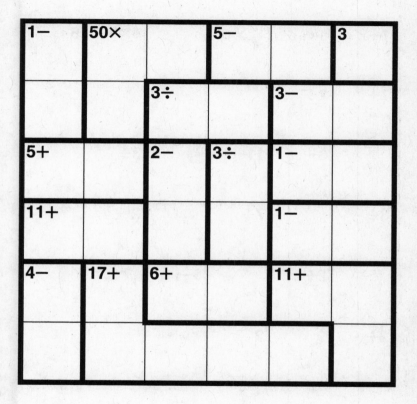

152 Moderate +/−/×/÷

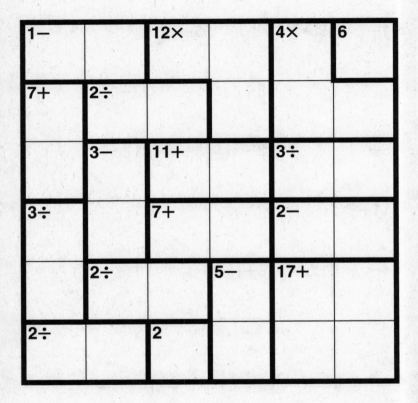

1−		12×		4×	6
7+	2÷				
	3−	11+		3÷	
3÷		7+		2−	
	2÷		5−	17+	
2÷		2			

Moderate +/−/×/÷ 153

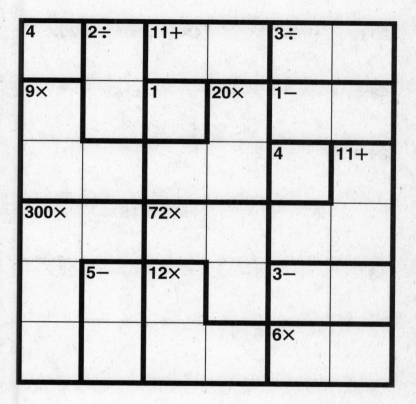

154 Moderate +/−/×/÷

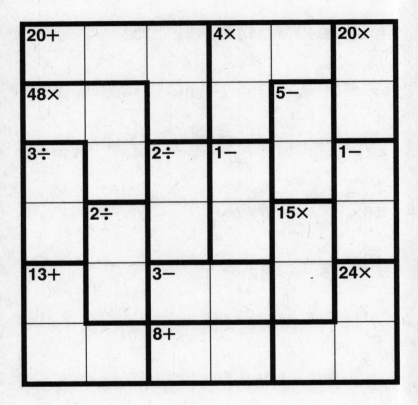

Moderate +/−/×/÷ 155

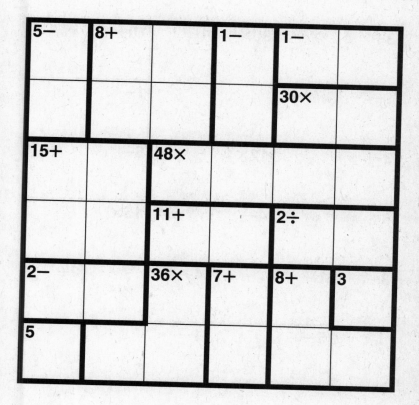

156 Moderate +/−/×/÷

3÷		30×	1−	10+	
1−				1−	
3−		12×		5−	
5+		4−		15×	
3−	1−		4−		2÷
	5−		1−		

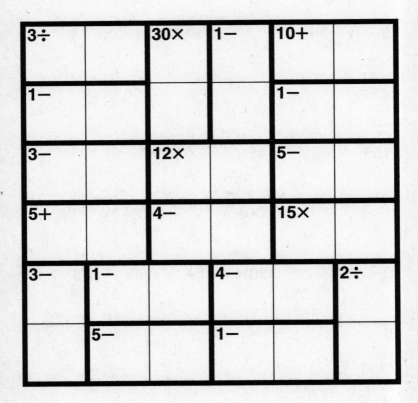

Moderate +/−/×/÷ 157

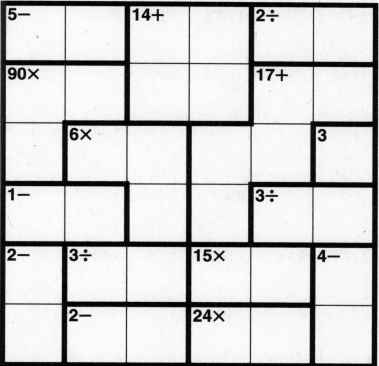

158 Moderate +/−/×/÷

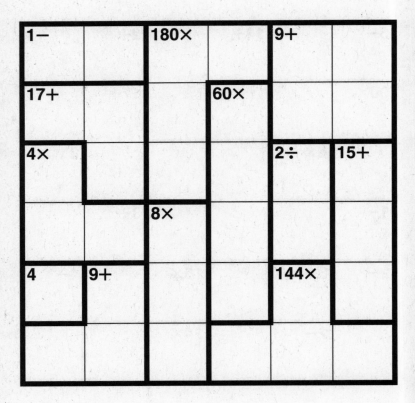

Moderate +/–/×/÷ 159

6×	120×	9+		12+	1
		11+			
		3		4–	
15+	12×		9+	3÷	
	1–			180×	
		4–			

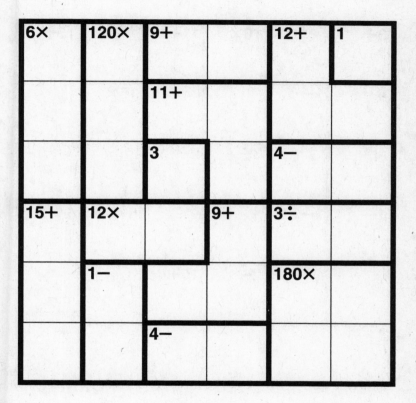

160 Moderate +/−/×/÷

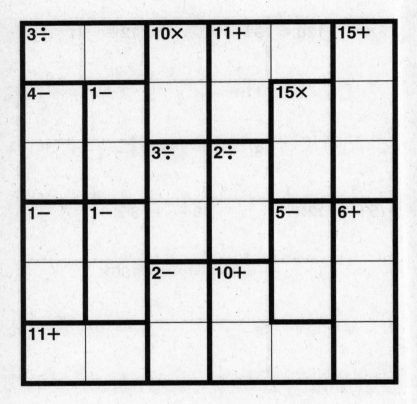

Moderate +/−/×/÷ 161

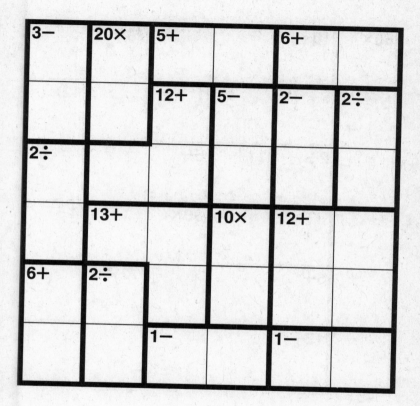

162 Moderate +/−/×/÷

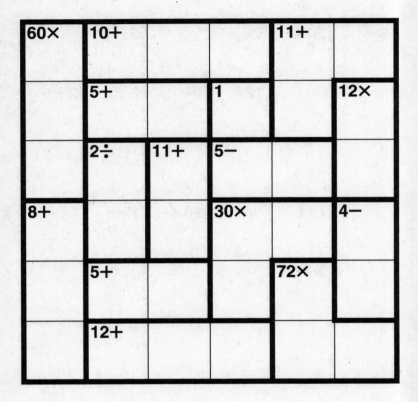

Moderate +/−/×/÷ 163

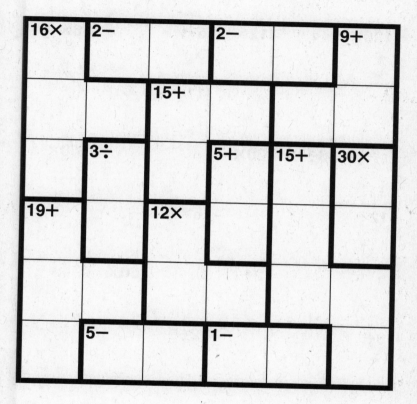

164 Moderate +/−/×/÷

120×		12×	5+		6×
1−			11+		
	3÷	30×			40×
12+			6×		
		2÷		60×	
6+			2÷		

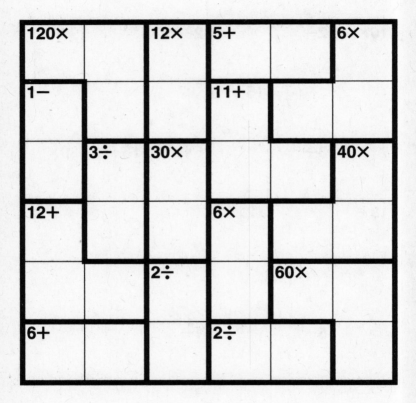

Moderate +/−/×/÷ 165

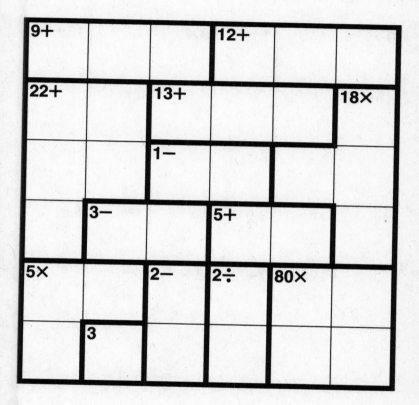

166 Moderate +/−/×/÷

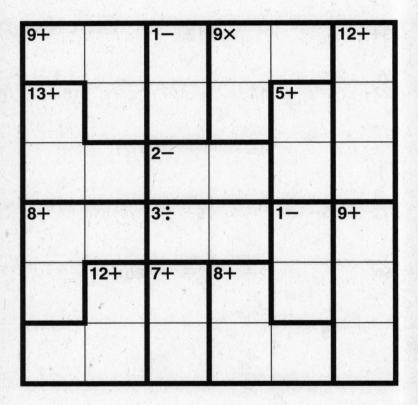

Moderate +/–/×/÷ 167

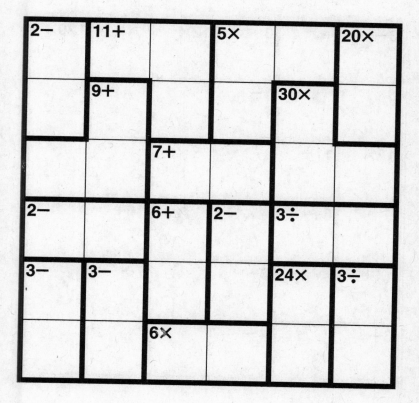

168 Moderate +/−/×/÷

3−		3	12×		120×
6×		1−			
12×	11+				
	6+			16+	
11+		3−		7+	
3÷		4−			

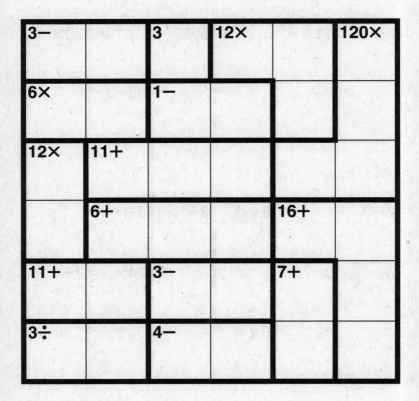

Moderate +/−/×/÷ 169

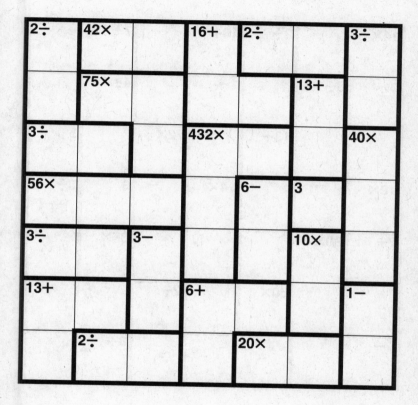

170 Moderate +/−/×/÷

14×		2÷	18+		7+	
6−	3÷		1−		48×	
		13+		72×		5
10×			14×		3	3÷
7+	90×				35×	
		60×		2÷		
2−					8+	

Moderate +/−/×/÷ 171

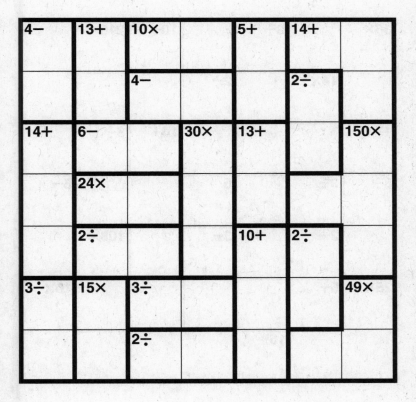

36×		3÷		10+	210×	
	14×		2÷			
17+				14+	3÷	
3÷	3÷		5			6−
	2−		3−		108×	
25×	5+					16×
		16+				

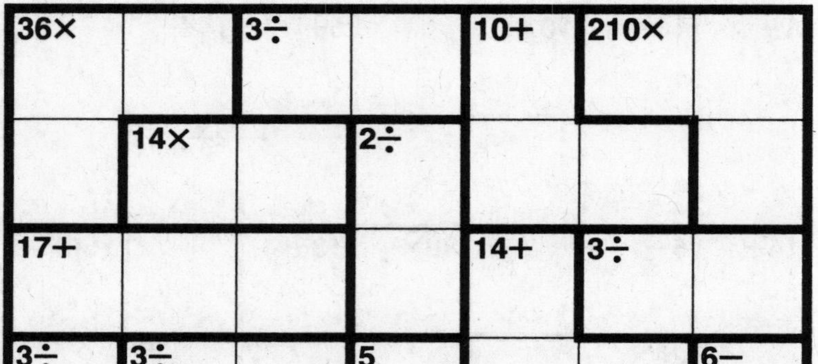

Moderate +/−/×/÷ 173

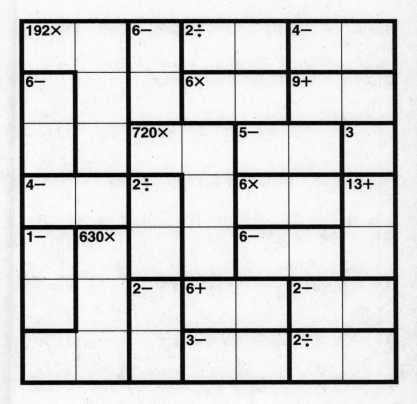

174 Moderate +/−/×/÷

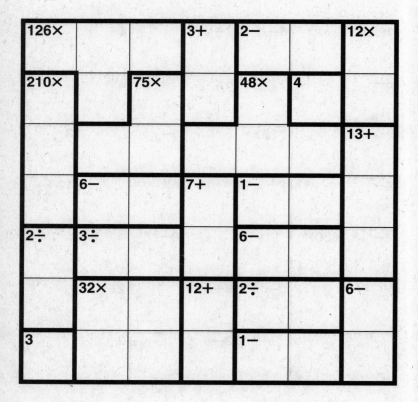

126×			3+	2−		12×
210×		75×		48×	4	
						13+
	6−		7+	1−		
2÷	3÷			6−		
	32×		12+	2÷		6−
3				1−		

Moderate +/–/×/÷ 175

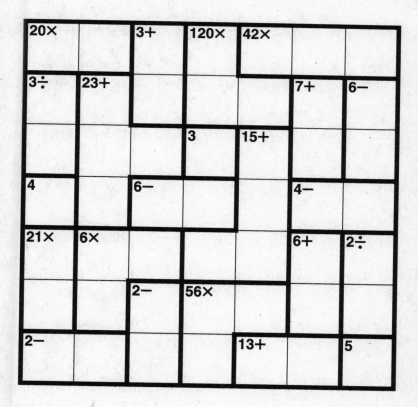

176 Moderate +/−/×/÷

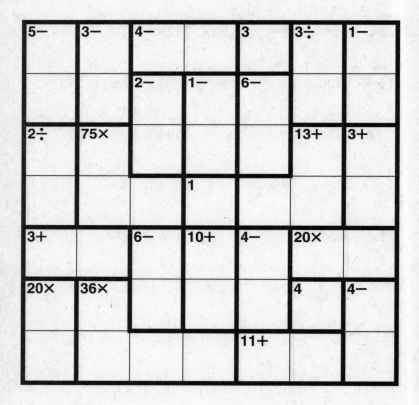

Moderate +/−/×/÷ 177

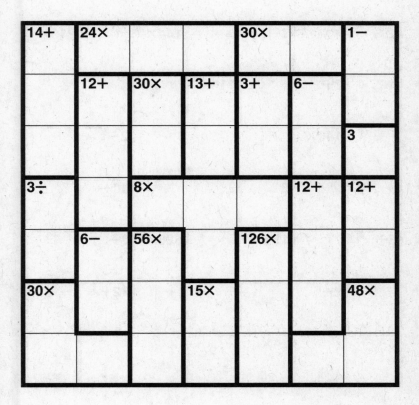

2−		6−		144×		210×
105×	3+		11+			
	140×				2÷	
		5	2÷		10+	
3÷		13+		525×	3−	
	2−		1		12+	
3÷		24×				

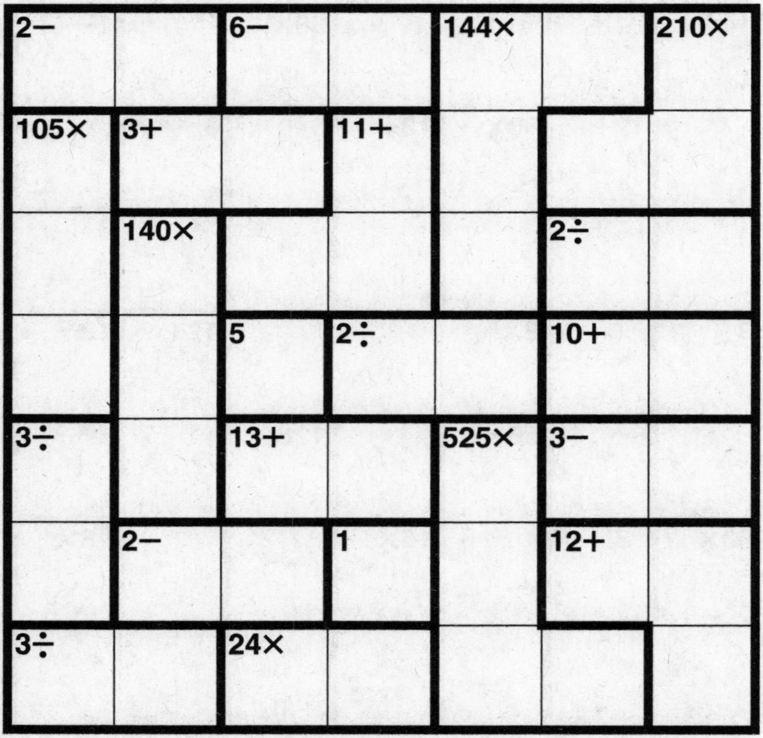

Moderate +/−/×/÷ 179

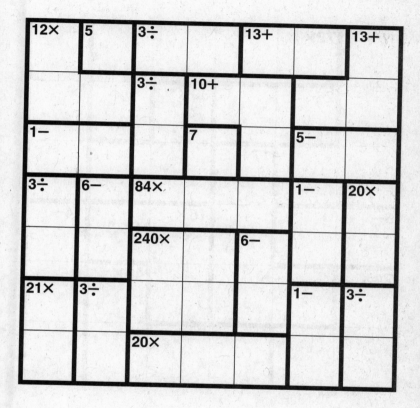

180 Moderate +/−/×/÷

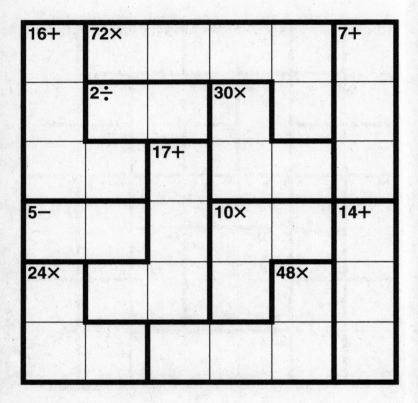

Moderate +/−/×/÷   181

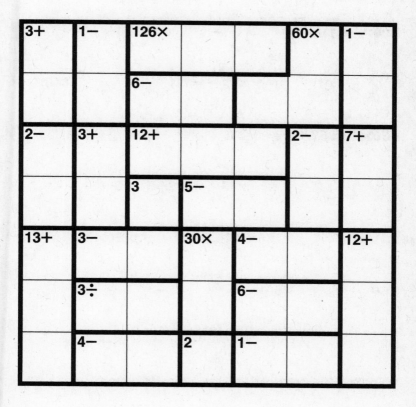

182 Moderate +/−/×/÷

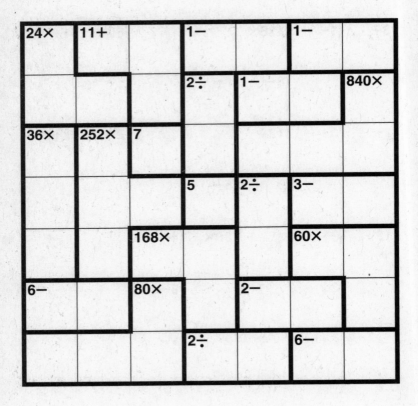

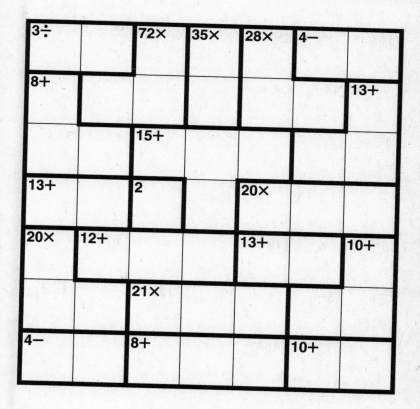

3÷		72×	35×	28×	4−	
8+						13+
		15+				
13+		2		20×		
20×	12+			13+		10+
		21×				
4−		8+			10+	

184 Moderate +/−/×/÷

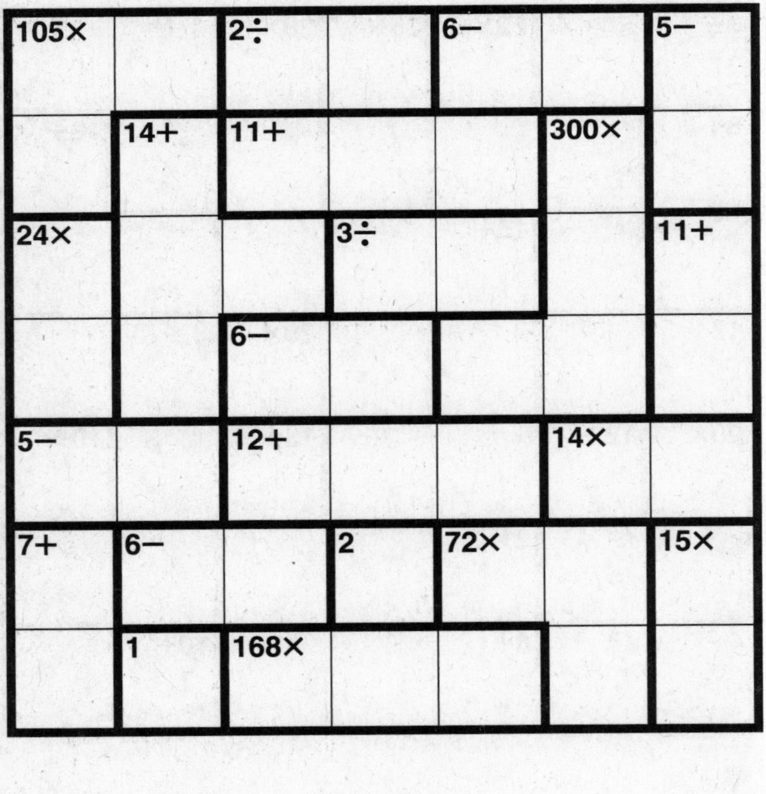

105×		2÷		6−		5−
	14+	11+			300×	
24×			3÷			11+
		6−				
5−		12+			14×	
7+	6−		2	72×		15×
	1	168×				

Moderate +/−/×/÷ 185

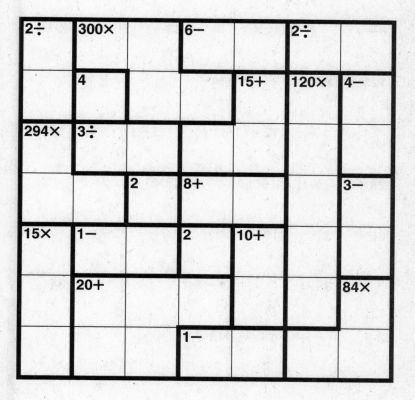

186 Moderate +/−/×/÷

6−		12×		3−		2−
12×	10×		14×		2÷	
		12+				14+
28×		3÷		3×		
30×	3	13+			28×	
	3+		1−			3÷
3÷		4	15+			

Moderate +/−/×/÷ 187

4−	3÷	12+	5−		30×	3−
30×		1−		17+	6−	
1−		6−				3
6×		3−			1−	
3−	6−	3÷	5	84×		7+
			2÷			

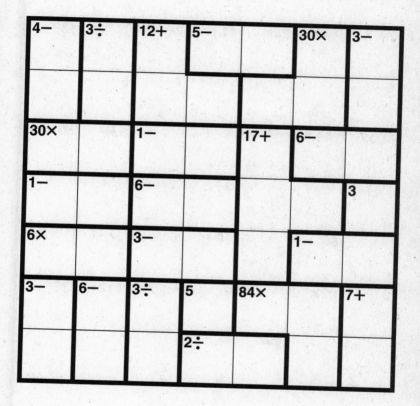

188 Moderate +/–/×/÷

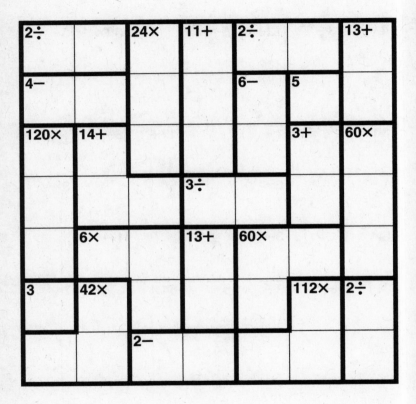

Moderate +/−/×/÷ 189

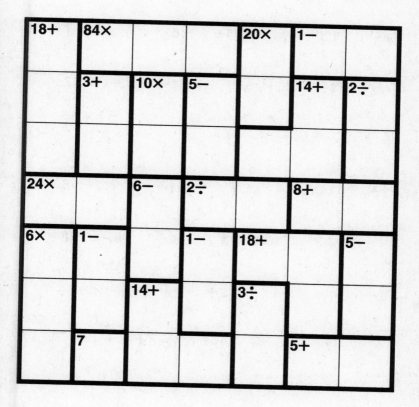

190 Moderate +/−/×/÷

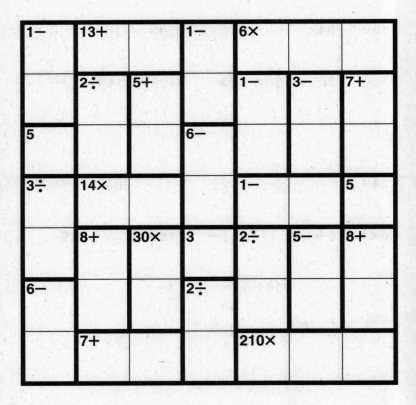

1−	13+		1−	6×		
	2÷	5+		1−	3−	7+
5			6−			
3÷	14×			1−		5
	8+	30×	3	2÷	5−	8+
6−			2÷			
	7+			210×		

Moderate +/−/×/÷ 191

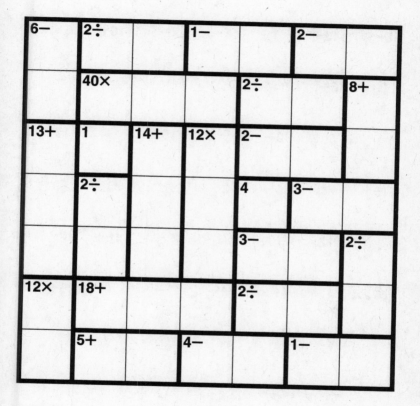

6−	2÷		1−		2−	
	40×			2÷		8+
13+	1	14+	12×	2−		
	2÷			4	3−	
				3−		2÷
12×	18+			2÷		
	5+		4−		1−	

192 Moderate +/−/×/÷

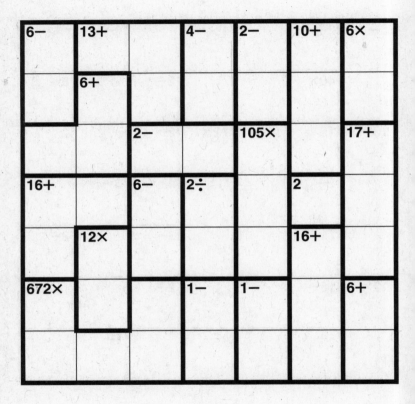

6−	13+		4−	2−	10+	6×
	6+					
		2−		105×		17+
16+		6−	2÷		2	
	12×				16+	
672×			1−	1−		6+

Moderate +/−/×/÷ 193

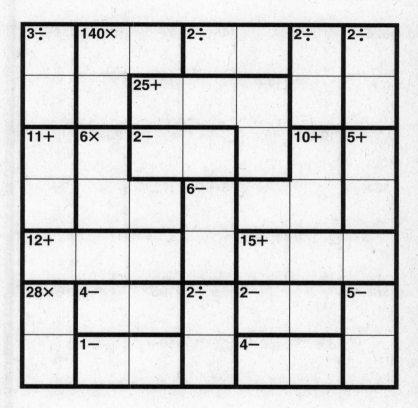

3÷	140×		2÷		2÷	2÷
		25+				
11+	6×	2−			10+	5+
			6−			
12+				15+		
28×	4−		2÷	2−		5−
	1−			4−		

194 Moderate +/−/×/÷

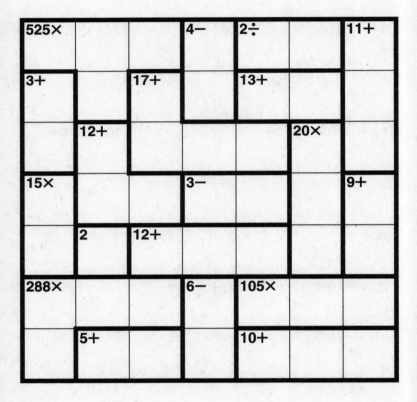

525×			4−	2÷		11+
3+		17+		13+		
	12+				20×	
15×			3−			9+
	2	12+				
288×			6−	105×		
	5+			10+		

Moderate +/−/×/÷ 195

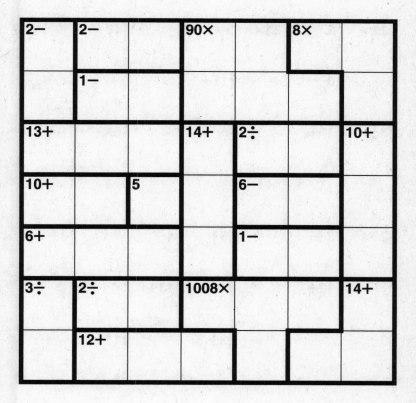

196 Moderate +/−/×/÷

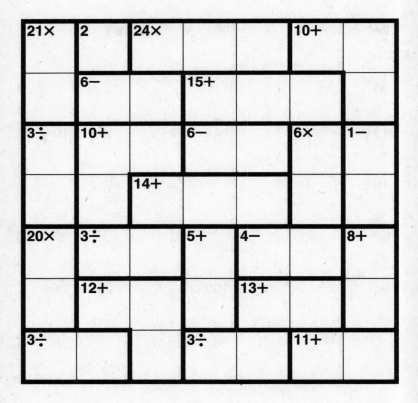

21×	2	24×			10+	
	6−		15+			
3÷	10+		6−		6×	1−
		14+				
20×	3÷		5+	4−		8+
	12+			13+		
3÷			3÷		11+	

Moderate +/−/×/÷ 197

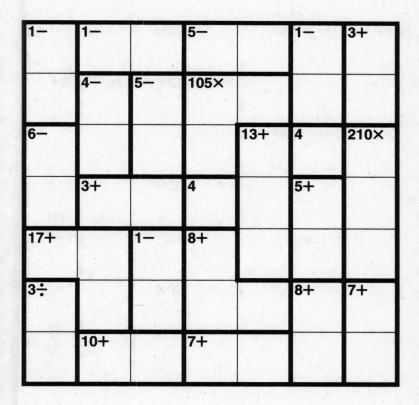

1−	1−		5−		1−	3+
	4−	5−	105×			
6−				13+	4	210×
	3+		4		5+	
17+		1−	8+			
3÷					8+	7+
	10+		7+			

198 Moderate +/−/×/÷

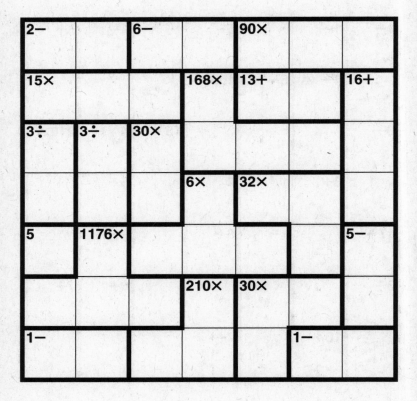

5−	20×			3÷		2÷
	16+		3−		42×	
24×		22+		3		
	2÷			18+	1−	
	6×				13+	
2−			3−			4−
	3÷			3−		

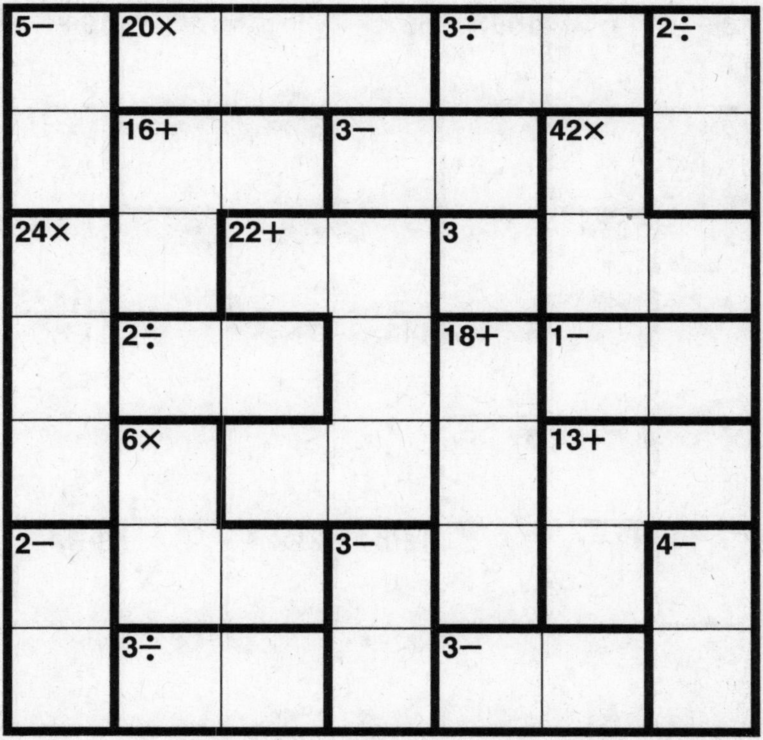

13+		105×	56×			19+
40×				60×		
	105×					
		4	144×	3+		11+
2÷		3+				
	13+		150×	21×		3−

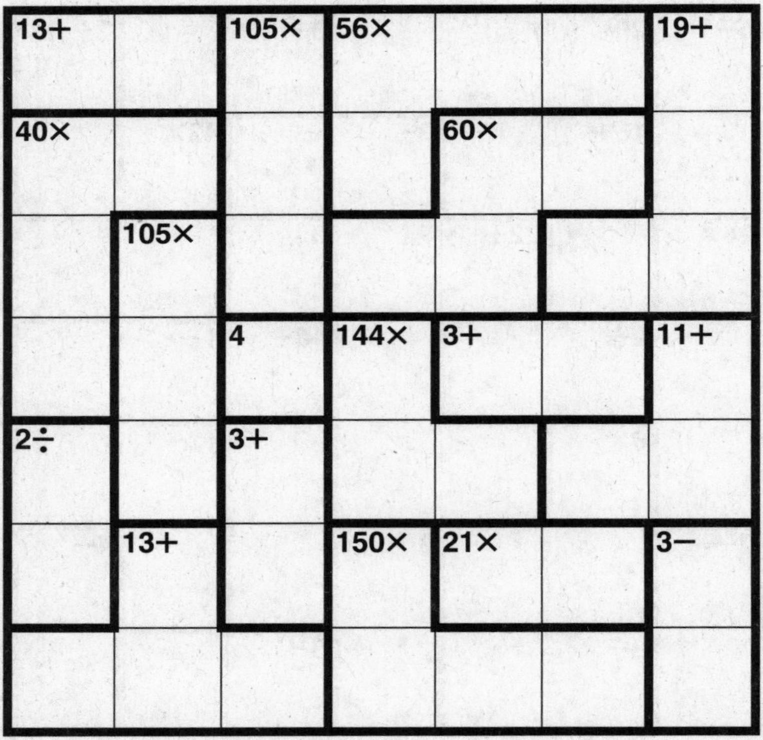

Moderate +/−/×/÷ 201

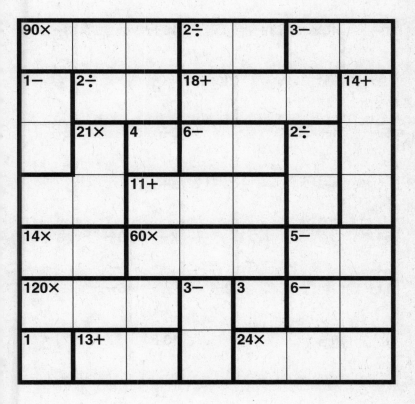

90×			2÷		3−	
1−	2÷		18+			14+
	21×	4	6−		2÷	
		11+				
14×		60×			5−	
120×			3−	3	6−	
1	13+			24×		

202 Moderate +/−/×/÷

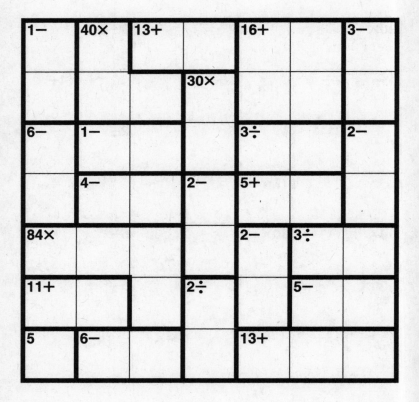

Moderate +/−/×/÷ 203

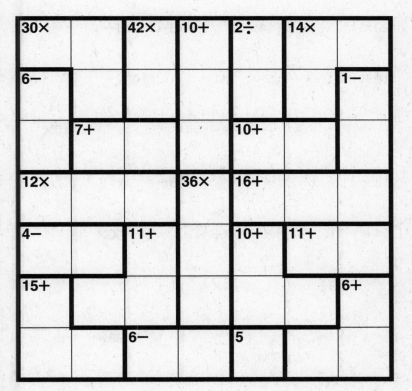

30×		42×	10+	2÷	14×	
6−						1−
	7+			10+		
12×			36×	16+		
4−		11+		10+	11+	
15+						6+
		6−		5		

204 Moderate +/–/×/÷

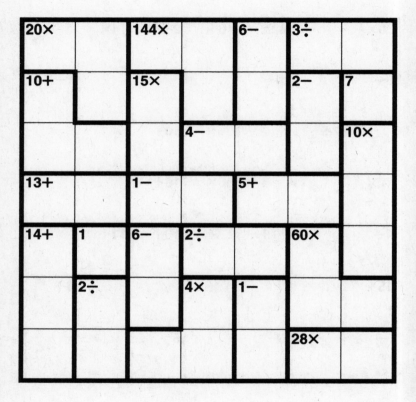

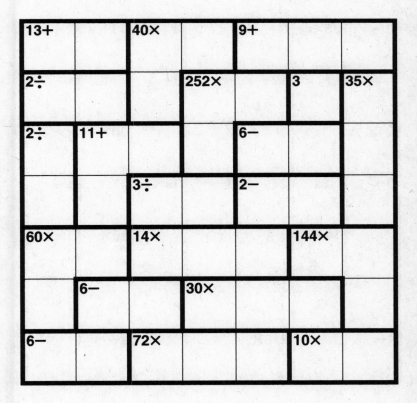

13+		40×		9+		
2÷			252×		3	35×
2÷	11+			6−		
		3÷		2−		
60×		14×			144×	
	6−		30×			
6−		72×			10×	

206 Moderate +/−/×/÷

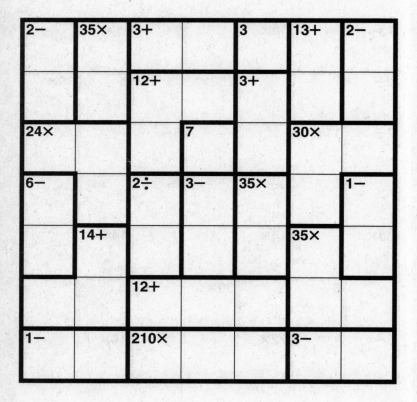

Moderate +/−/×/÷ 207

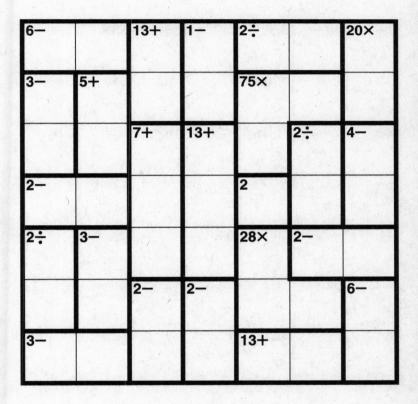

208 Moderate +/–/×/÷

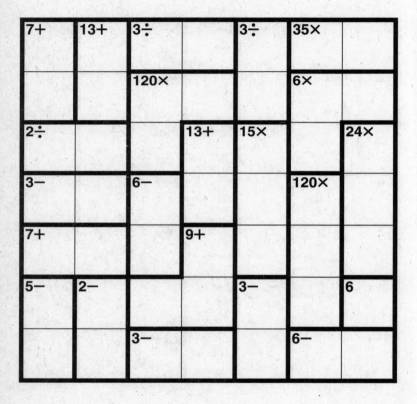

Moderate +/−/×/÷ 209

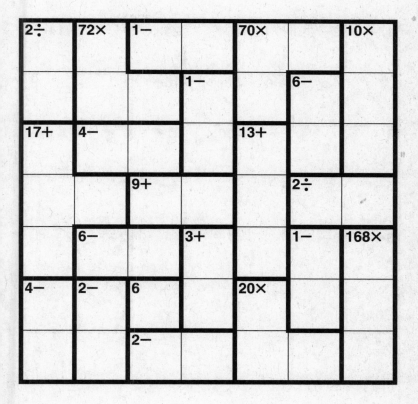

17+	2−		5−	24×		11+
		4×		16+		
3			30×			
5+		4−		3−	2−	
3−	6−		1−		2÷	2÷
		24×		6−		
1−					1−	

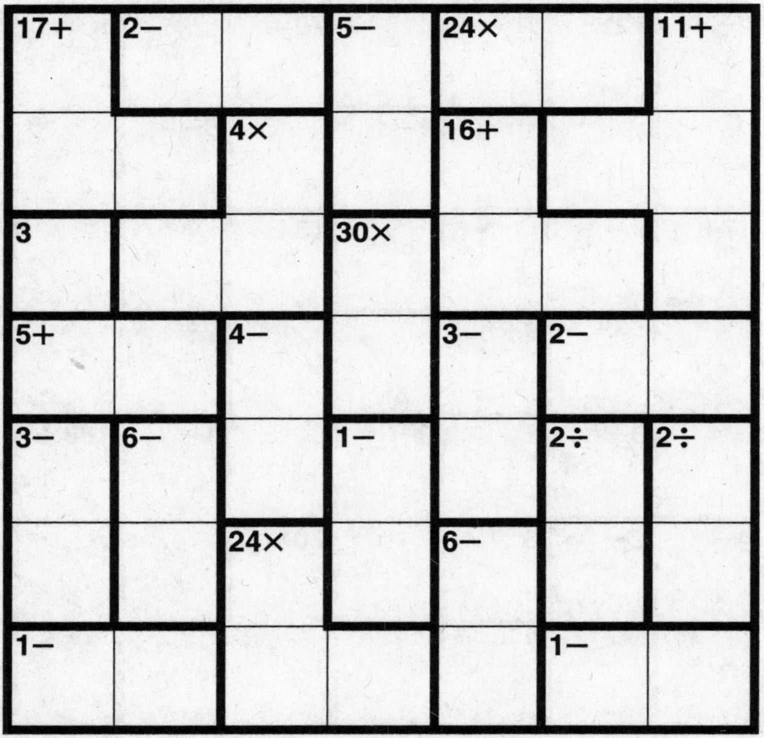

Moderate +/−/×/÷ 211

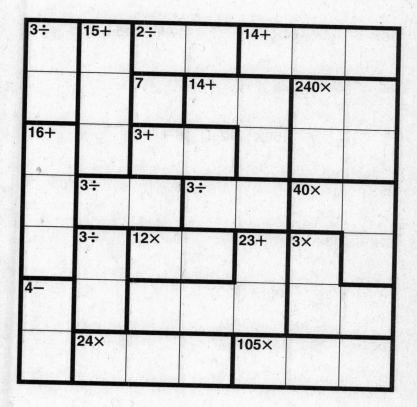

3÷	15+	2÷		14+		
		7	14+		240×	
16+		3+				
	3÷		3÷		40×	
	3÷	12×		23+	3×	
4−						
	24×			105×		

212 Moderate +/–/×/÷

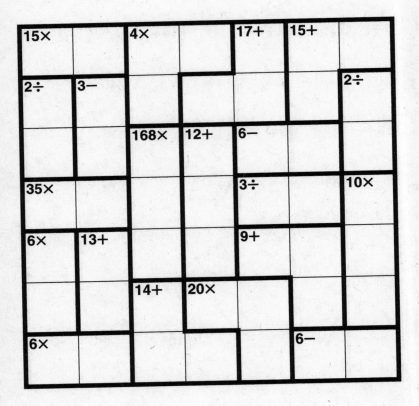

Moderate +/−/×/÷ 213

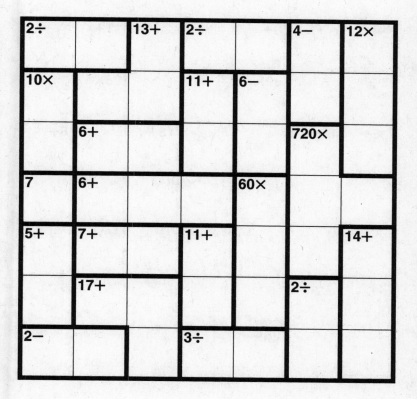

214 Moderate +/−/×/÷

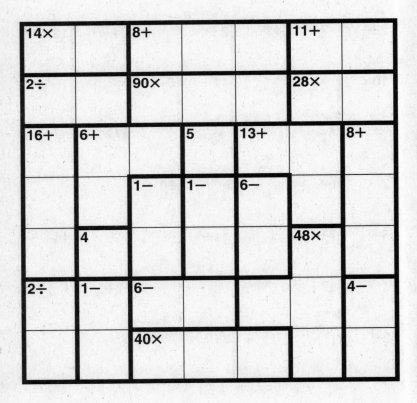

Moderate +/−/×/÷ **215**

6−	14×	12+	3−		2÷	
				8+		1−
8+		3÷			84×	
2	6−		2−			11+
10+		6+		11+		
1−	3−	6×				
		18+			2÷	

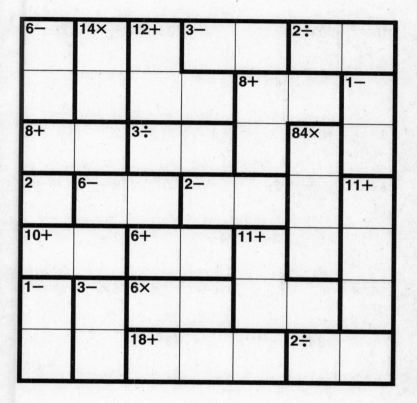

216 Moderate +/−/×/÷

16×	60×			3÷		20+
		10+	3−			
5	10×		5+		2÷	
3÷		2÷		7	9+	
		3+	4−		2−	
147×			10+		5×	
	13+			3−		

Moderate +/−/×/÷ 217

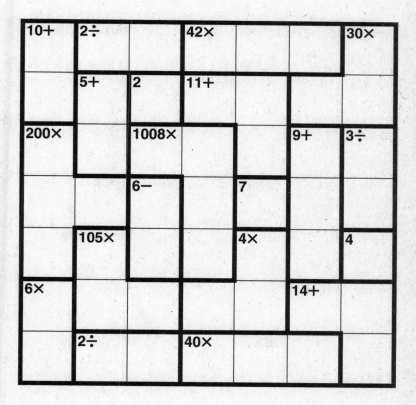

218 Moderate +/–/×/÷

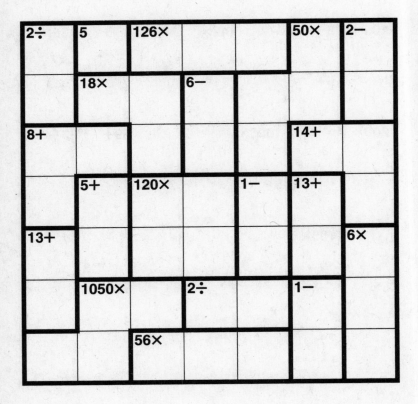

Moderate +/–/×/÷ 219

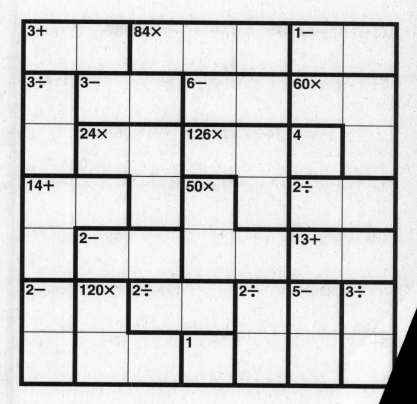

220 Moderate +/–/×/÷

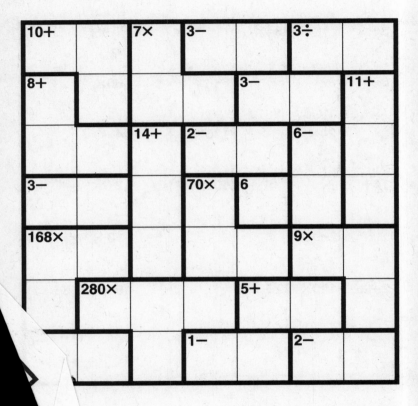

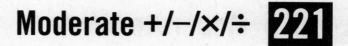

120×		56×			3−	
		24×		15+		840×
168×				6+		
	42×				5	
90×			7+		10+	
17+						
		18+			2÷	

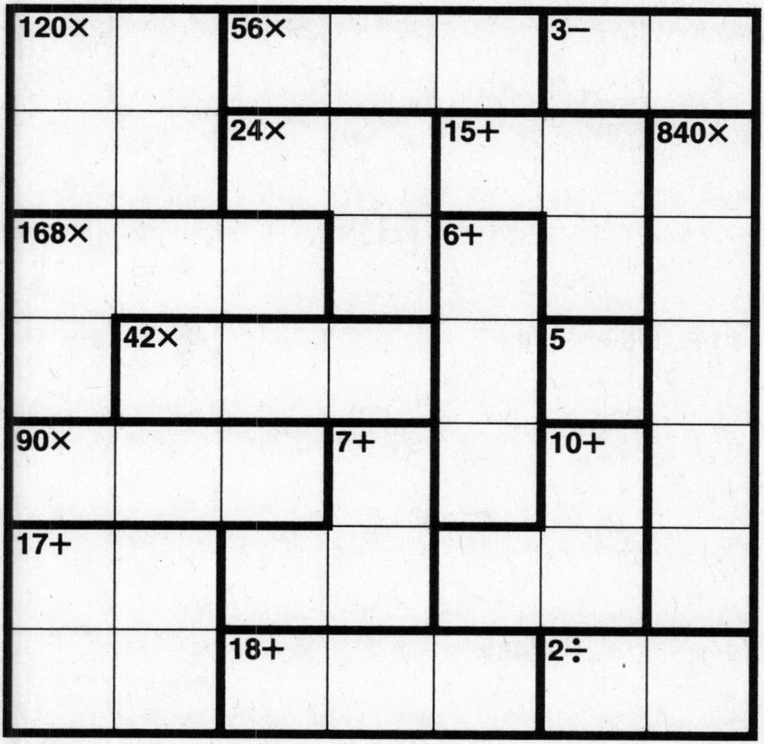

222 Moderate +/−/×/÷

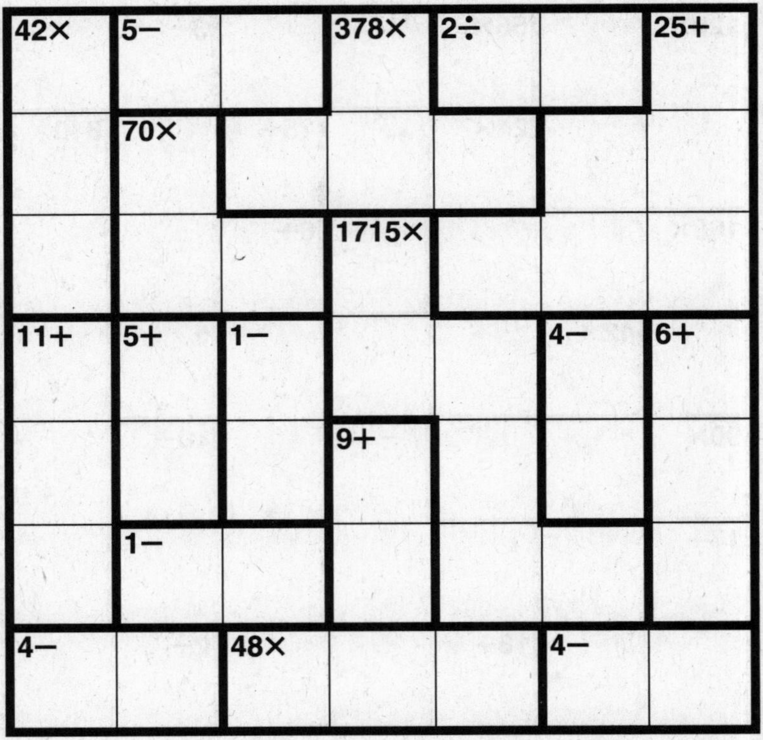

42×	5−		378×	2÷		25+
	70×					
			1715×			
11+	5+	1−			4−	6+
			9+			
	1−					
4−		48×			4−	

Moderate +/−/×/÷ 223

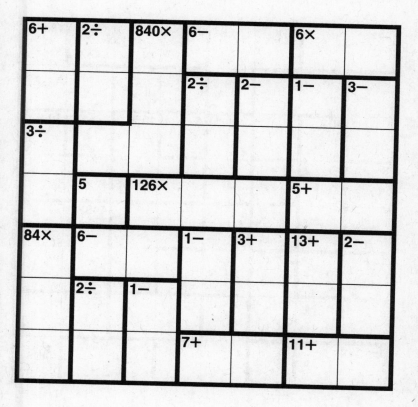

6+	2÷	840×	6−		6×	
			2÷	2−	1−	3−
3÷						
	5	126×			5+	
84×	6−		1−	3+	13+	2−
	2÷	1−				
			7+		11+	

24×		60×		20×			18+
3+	18+			7−			
	40×		15+	4	13+		10+
3−		11+					
			8+	16+		448×	
14+		30×					
			42×	2÷		200×	
1−		6			7−		

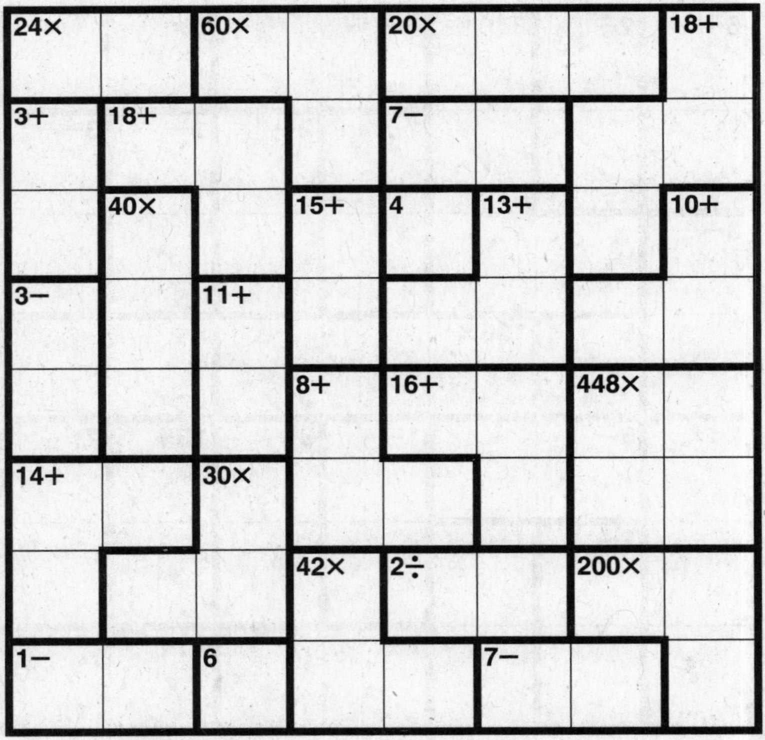

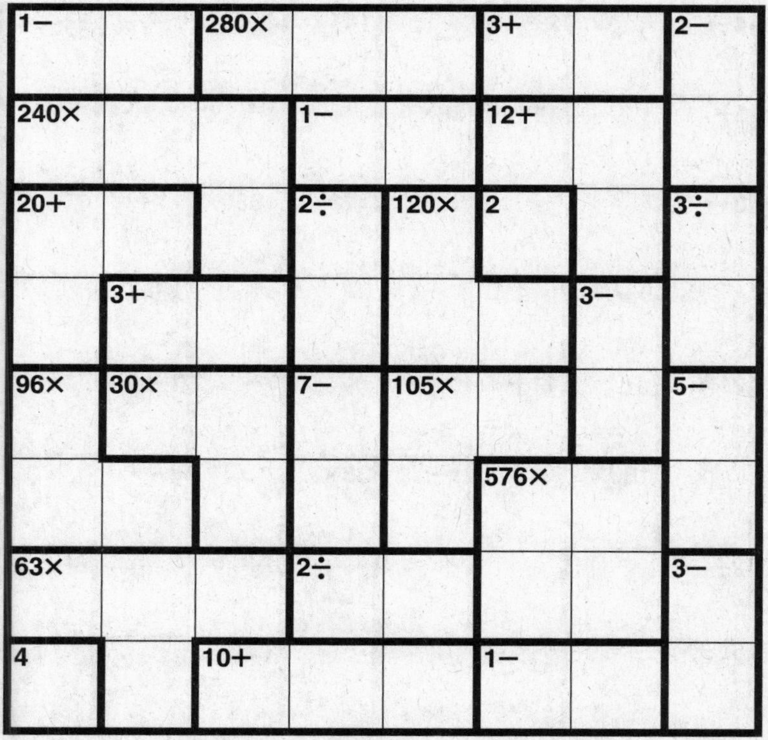

1−		280×			3+		2−
240×			1−		12+		
20+			2÷	120×	2		3÷
	3+					3−	
96×	30×		7−	105×			5−
					576×		
63×			2÷				3−
4		10+			1−		

4÷		2−		144×	4÷		8+
3−		11+	28×		1−		
3−					1680×	11+	
	9+					2÷	
21×		11+			7−	1−	
	168×		1−	35×		4−	
2÷					7+		6−
2−		21×			1−		

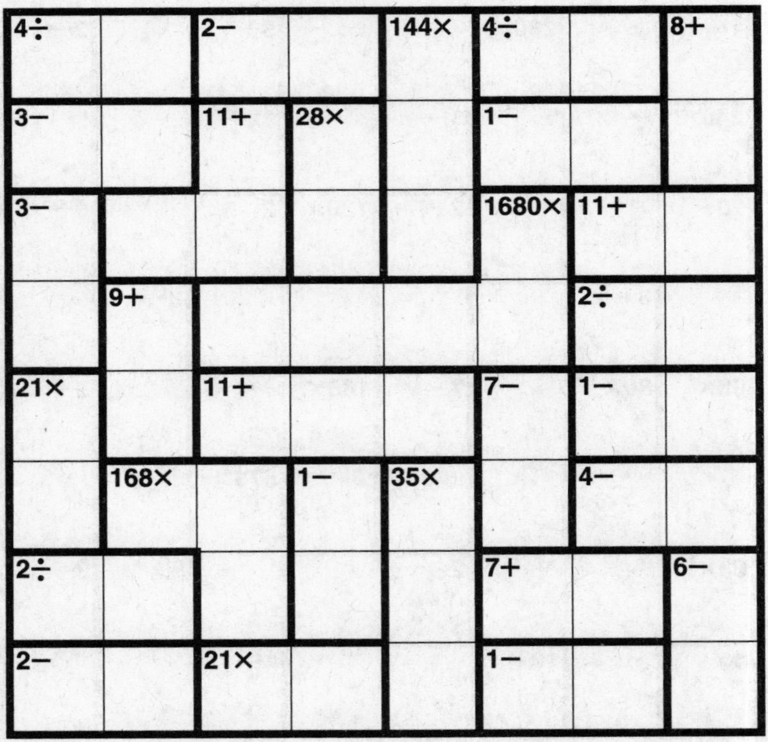

Hard +/−/×/÷ 227

14×			4−		30×		90×
4÷	4−	56×	6	1−			
			14+		2÷	24×	
3÷			15+				
10+					5−	168×	
1−	1−	2÷	3+				11+
			70×			56×	
17+			3−				

228 Hard +/−/×/÷

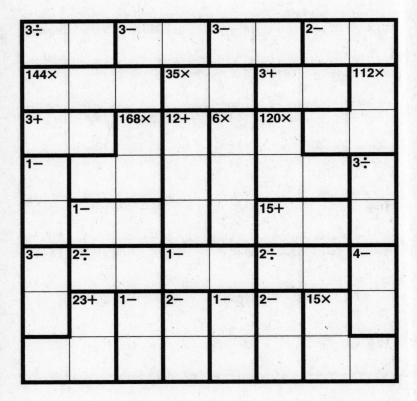

42×	120×			5−		2	12+
		18+					
2÷	11+		30×		3÷		1−
	4÷		2÷	6+	8+		
30×	2÷				2−		15+
	19+		2÷	1−	19+		
		7−			7+		1−
1			3−				

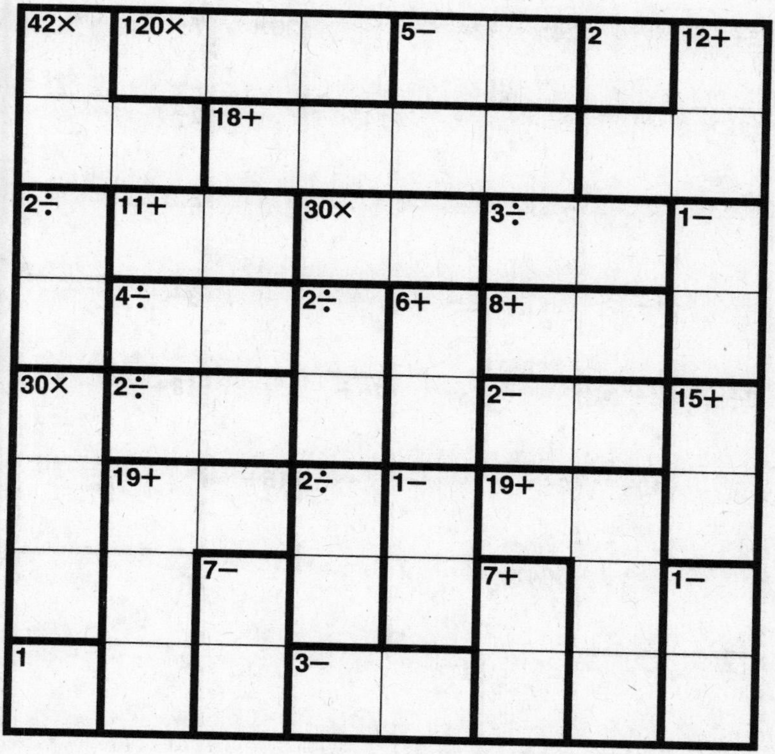

2−		24×	2÷		20×	7−	
112×				14+		2÷	
2−		2−				5−	
	1−		6−			3÷	
2÷	2−			15+		13+	
	10+	2÷		3−	15+		5
		384×				3−	
4÷			1−			2−	

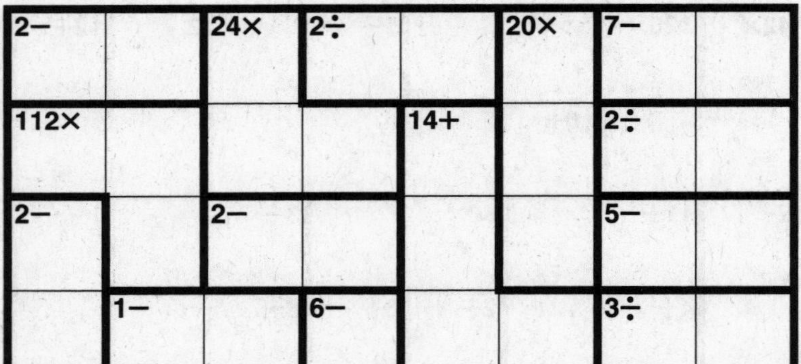

Hard +/−/×/÷ 231

2−		2−		1	288×		
2÷		10+		3−	6+		32×
2÷	15+		2−				
	1−	2−		3−		2÷	
3+			3÷	2÷		3−	
	4÷			168×	4−	840×	
9+		1−					
1−		3+			14+		

232 Hard +/−/×/÷

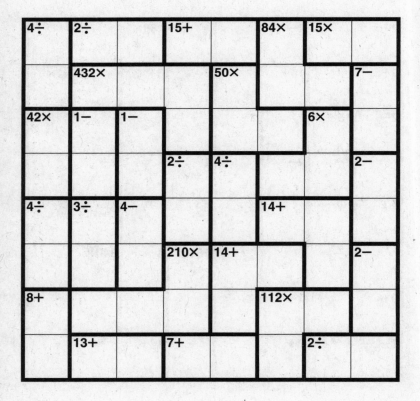

294×		9+			96×		11+
	100×		2−		1		
24×			28×	7−			15+
	2÷			22+		7−	
120×	6−		11+				
		2÷		12+			
7−			14+			105×	24×
	8	13+					

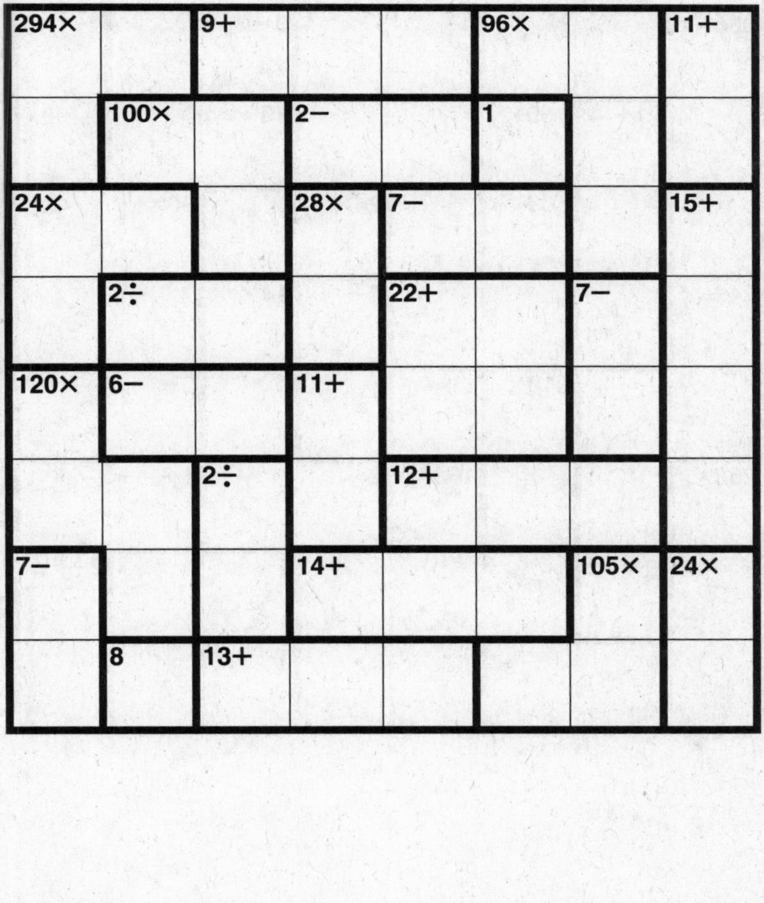

234 Hard +/−/×/÷

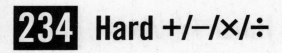

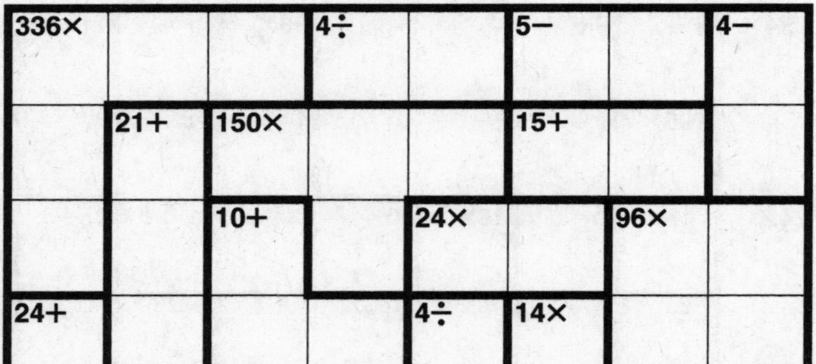

336×			4÷		5−		4−
	21+	150×			15+		
		10+		24×		96×	
24+				4÷	14×		
		210×				2−	
288×			168×	2−		1−	
					1−		2÷
			5−		1−		

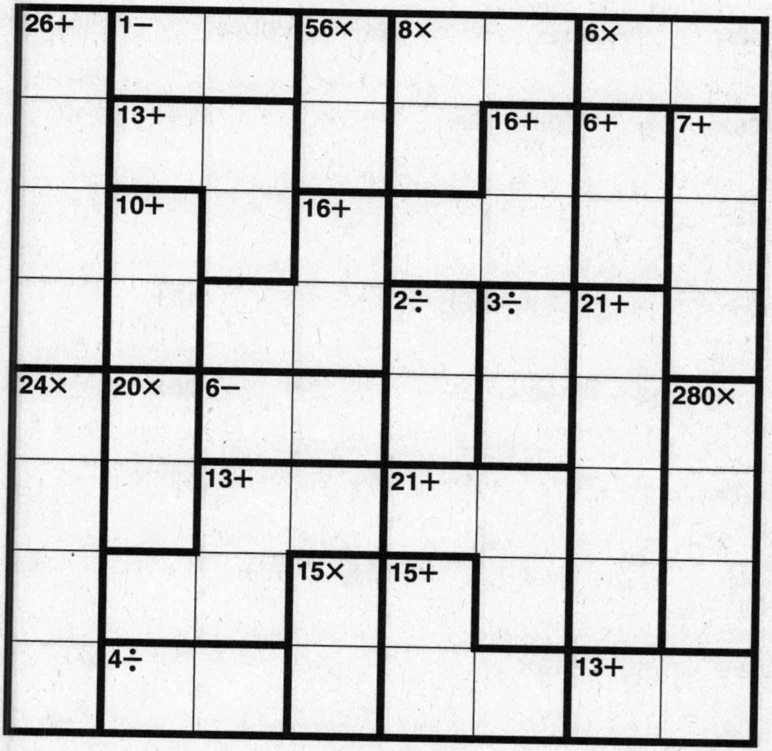

26+	1−		56×	8×		6×	
	13+				16+	6+	7+
	10+		16+				
				2÷	3÷	21+	
24×	20×	6−					280×
		13+		21+			
			15×	15+			
	4÷					13+	

236 Hard +/−/×/÷

42×		3÷		21+	192×		
28×		13+	8+			3+	3−
12+							
6+			4÷		7−	13+	
	13+	168×	3−			20×	
			1−	5−		126×	
2÷				9+	19+		
2−		10×					

5−	24×		3−		18+		5−
		2÷	14+				
14+	4−			48×		60×	
	26+	42×		224×		56×	
		40×			10+		
3−							2−
		56×	1−		2÷		
5−			24×			6+	

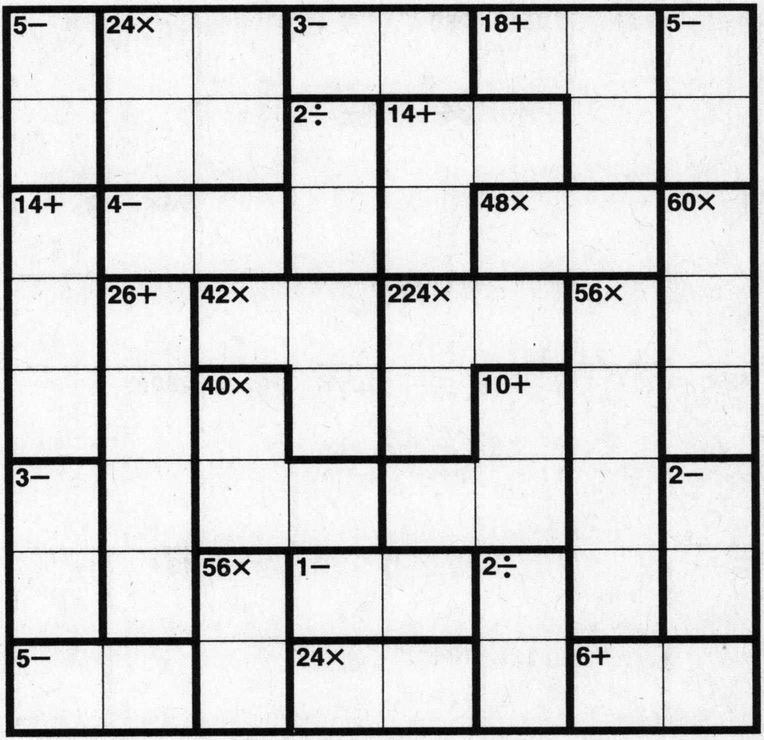

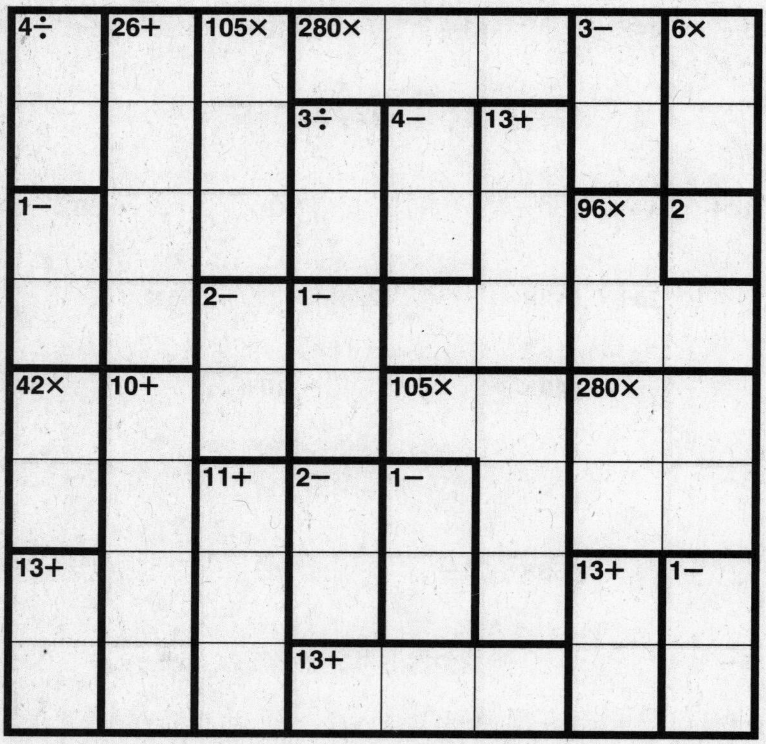

4÷	26+	105×	280×			3−	6×
			3÷	4−	13+		
1−						96×	2
		2−	1−				
42×	10+			105×		280×	
		11+	2−	1−			
13+						13+	1−
			13+				

2÷		2−	3÷	16+		2÷	
3−				80×		1−	4−
7+	5−	7−					
		4−		5−	13+		
5−	4÷	20×			336×		
		4÷		12+		9+	1−
4−		3÷	24×		30×		
2−						2÷	

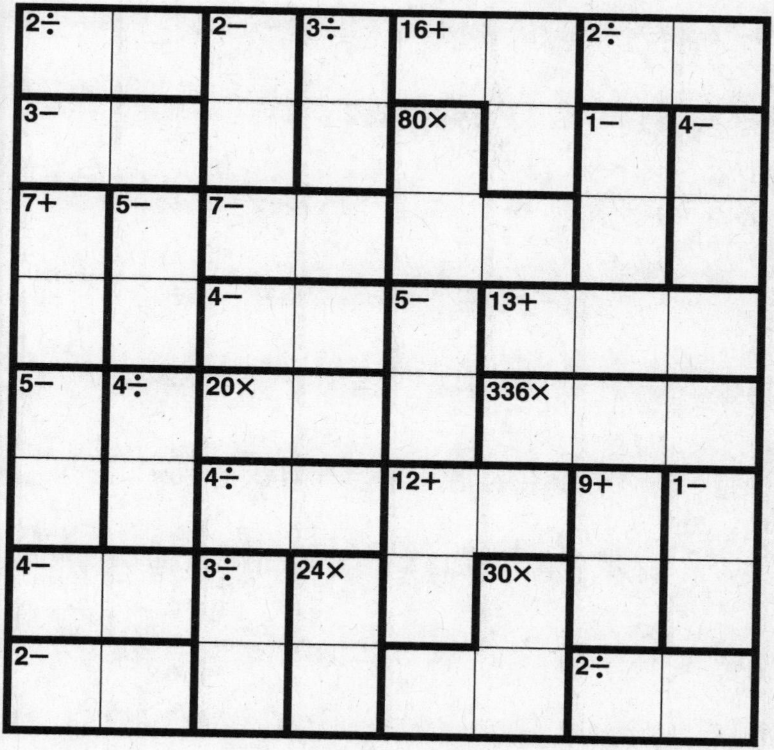

240 Hard +/−/×/÷

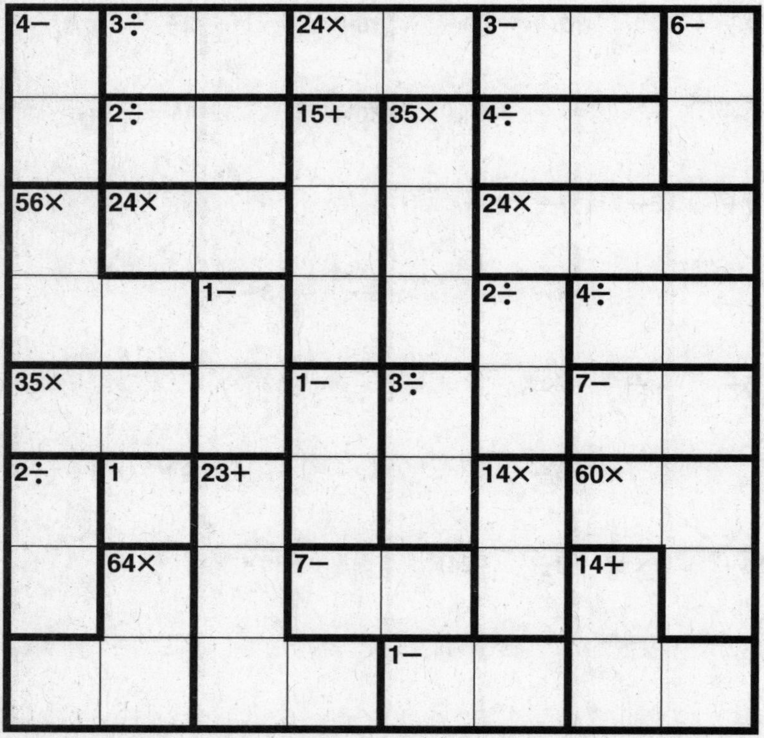

4−	3÷		24×		3−		6−
	2÷		15+	35×	4÷		
56×	24×				24×		
		1−			2÷	4÷	
35×			1−	3÷		7−	
2÷	1	23+			14×	60×	
	64×		7−			14+	
			1−				

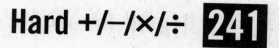

1−		1−		56×		7+	6−
30×		22+	1−		7−		
11+						4	13+
112×		13+	10+				
			5−		13+		2÷
9+		504×			15×		
4÷			1−			3−	2÷
4−		4−		4−			

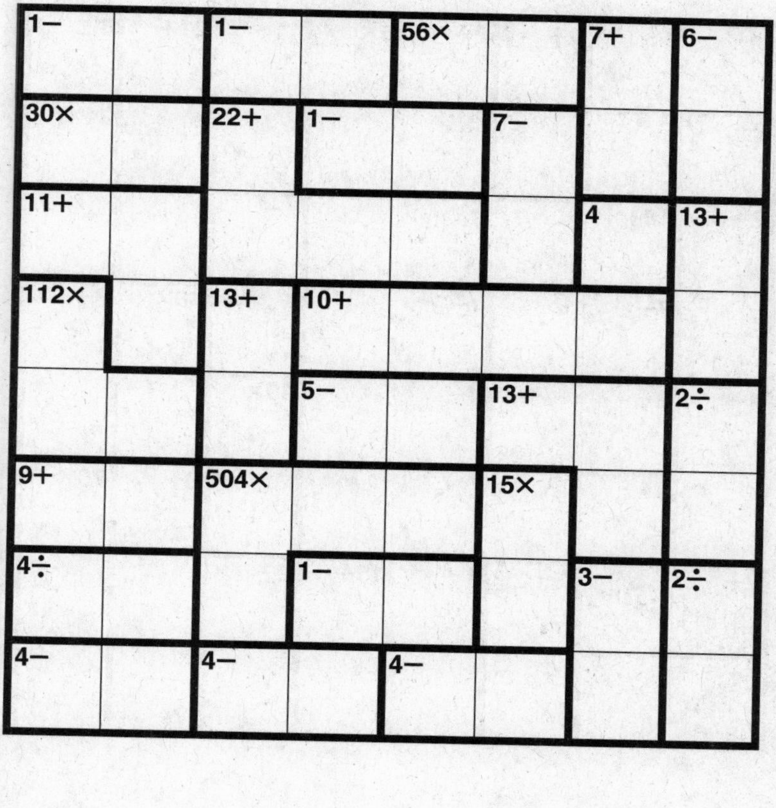

4−		2÷	2−	6×	11+	21+	8
2−							24×
2−	18+				1−		
	7−		1−			10×	3÷
4−	2÷		4−		40×		
	14+					8+	70×
2÷		1−	1−	15+	2÷		
4−							

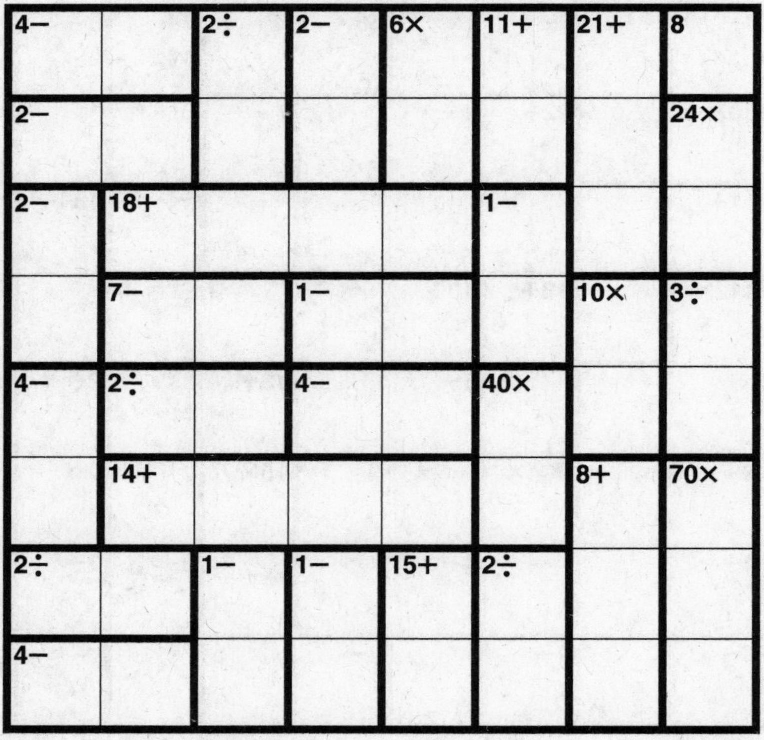

Hard +/−/×/÷ 243

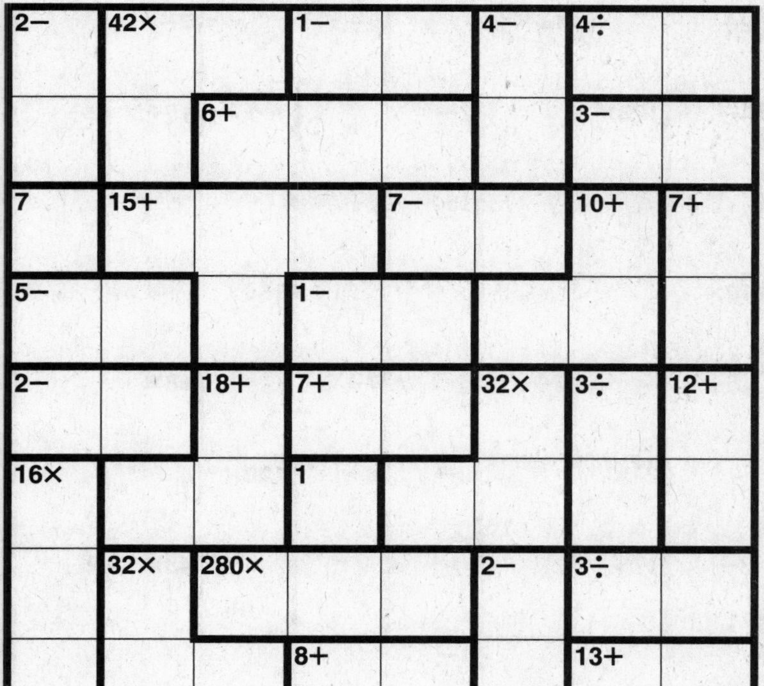

2−	42×		1−		4−	4÷	
		6+				3−	
7	15+			7−		10+	7+
5−			1−				
2−		18+	7+		32×	3÷	12+
16×			1				
	32×	280×			2−	3÷	
			8+			13+	

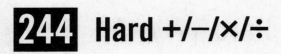

2÷		14+		2÷		7−	
4÷	128×		2−		7	15+	3÷
			15+	2÷			
10×					168×		
15+		2÷		7−		48×	
	24×		2−	8+	120×		
3−	17+					48×	2−
			1−				

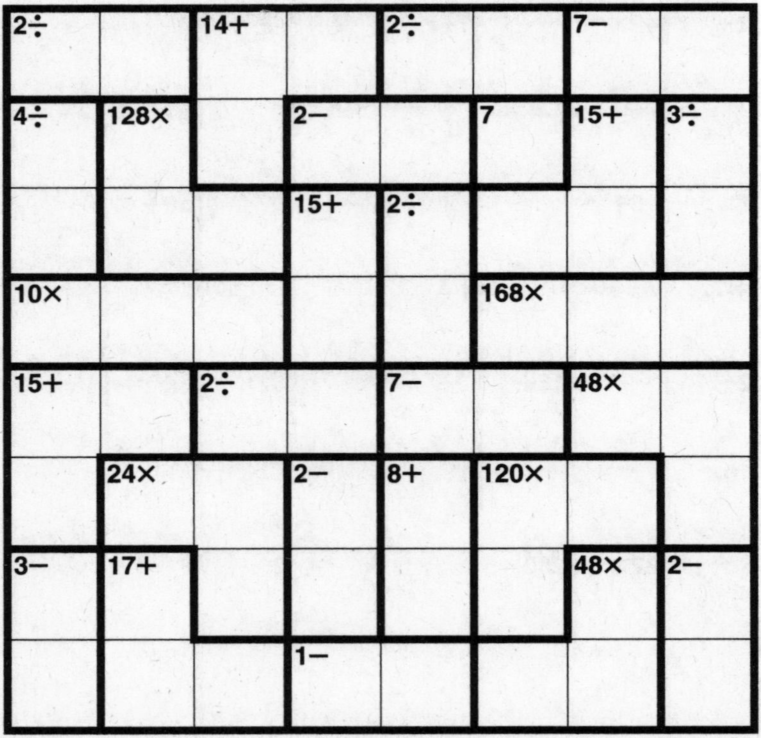

3÷		35×	2÷		19+	1−	
2÷						6−	
17+		10+		2÷		15×	
	19+		2−		120×		
112×			2÷			10+	
	16+		16×	18+	7−		
13+					2÷	84×	
	2÷					4	

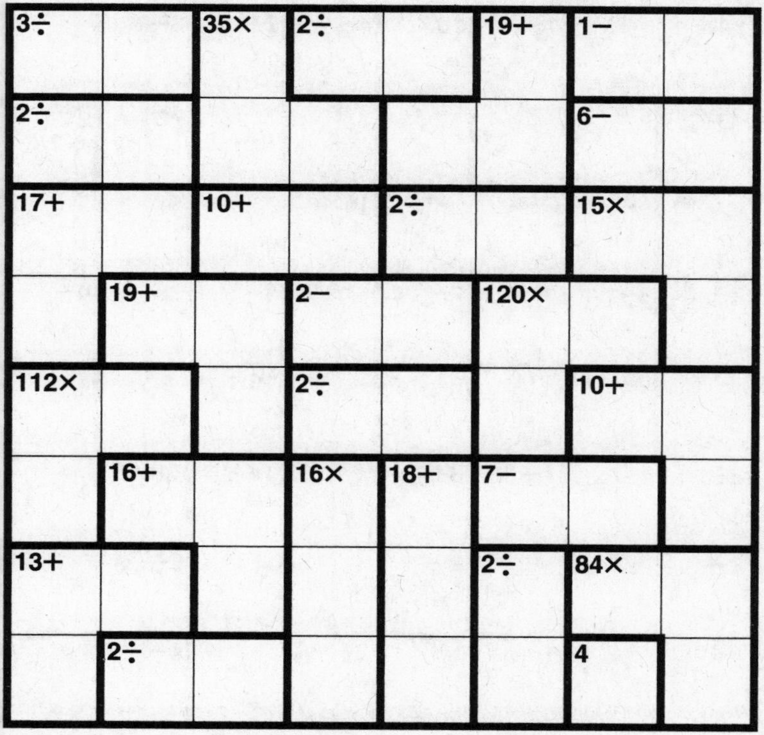

246 Hard +/−/×/÷

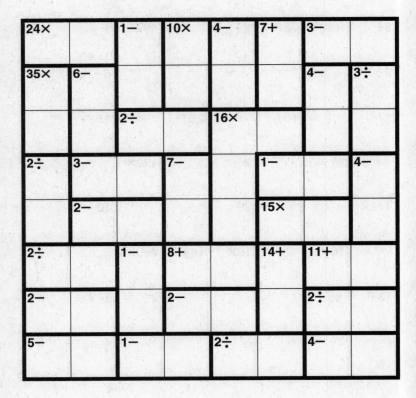

168×			6+			3−	14+
6−	17+	12×			4−		
			175×			1−	2÷
6×		11+		4−			
7+			24×	13+		2÷	2−
2÷	10+				4−		
		1−		192×		2−	11+
60×							

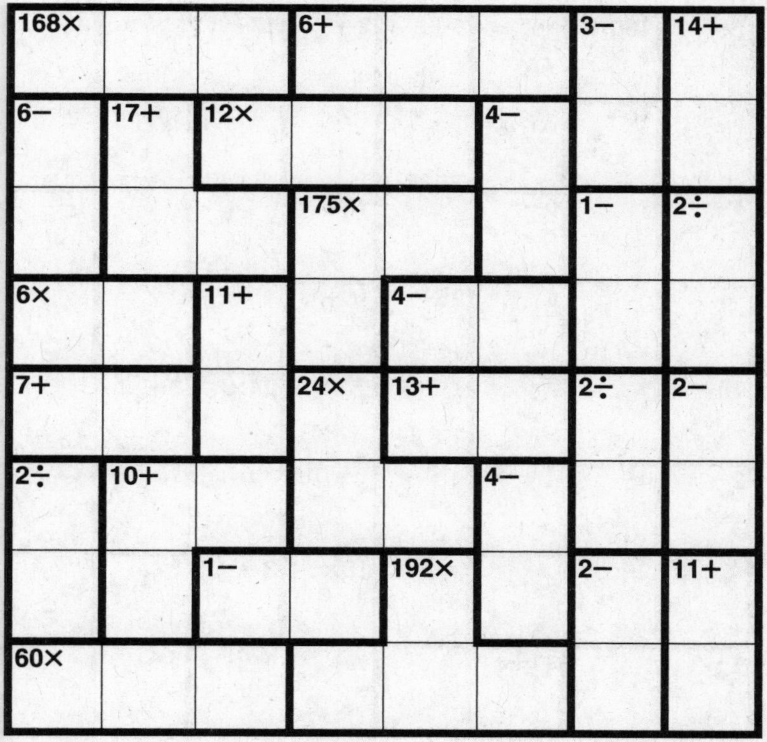

248 Hard +/−/×/÷

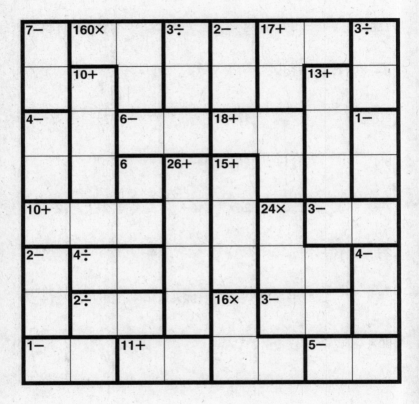

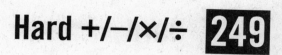

Hard +/−/×/÷ 249

128×		1−		3×		22+	
		20+					
15×		48×		2−		2÷	2−
		10+		210×			
168×			42×			4−	8×
	15+			3÷			
90×		12+			256×	48×	
		6−					

3−		30×			12+	5−	
16+		18×		3−			9+
	2÷				13+		
15+			15+	7+		5−	
420×				2÷		14×	
20+			6+	2÷	6−		2−
					15×		
5+		21+				1−	

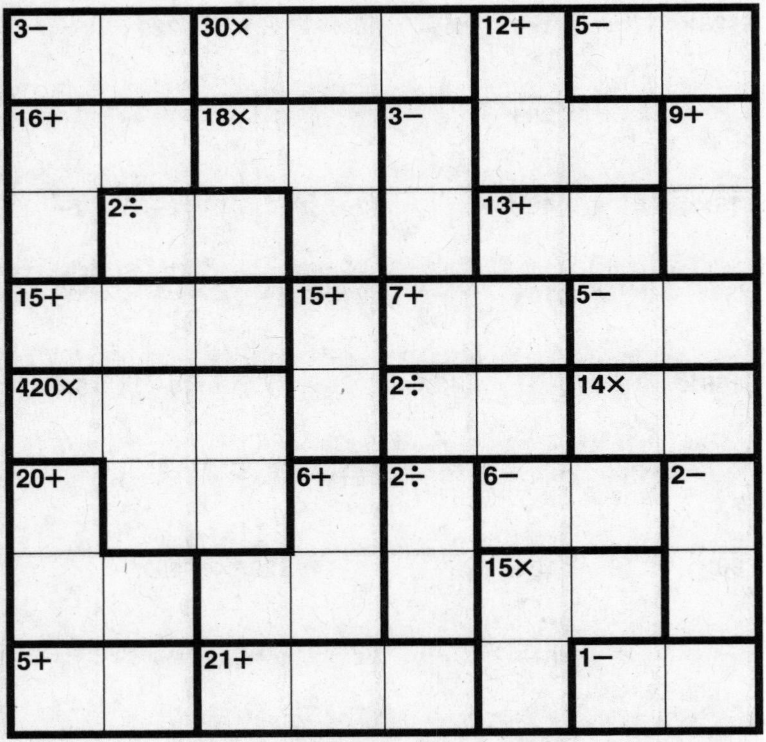

48×	1−		5−	8+	160×		5
	8	3×					2÷
1−				1−			
2÷	7−		1−	17+			
	2÷			2÷		6−	
2−		60×		2÷		21+	15+
3÷	11+		2÷	2−			
				4			

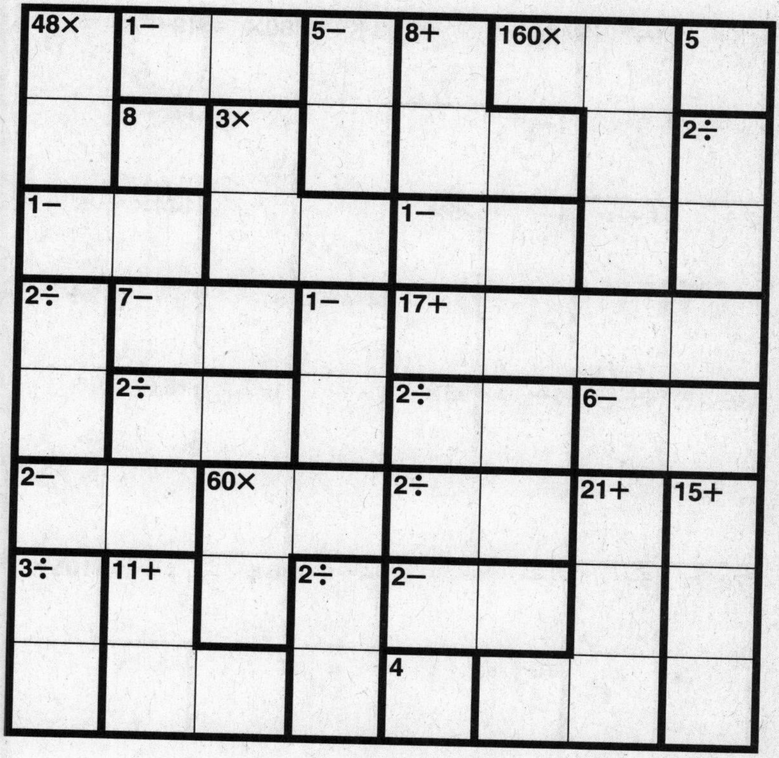

13+	1−	4÷		3+	80×	19+	
		4−					
2÷	1−	1−	25×			144×	
				4−	3		2÷
3÷	4÷	1−	96×		1−	16+	
7+	5+	1−		4−	6×		105×
		10+					

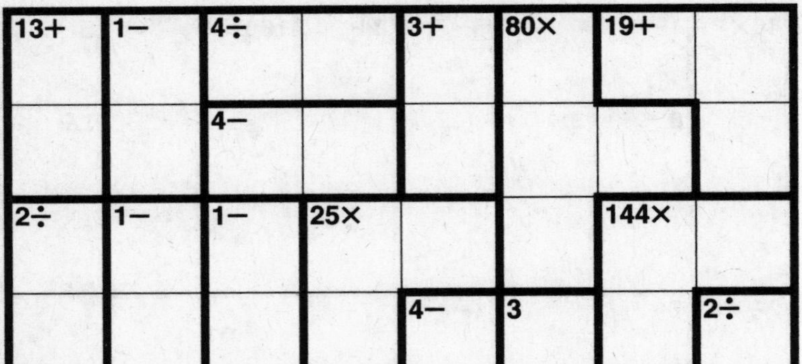

Hard +/−/×/÷ 253

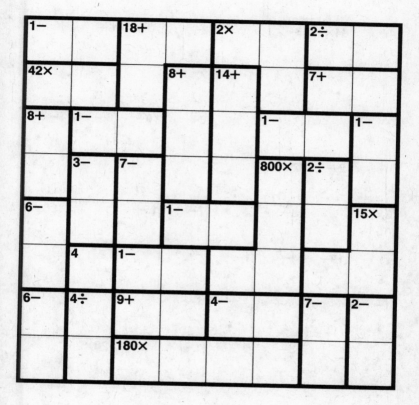

254 Hard +/−/×/÷

4÷	84×	3−		2÷		6+	
		7−	1−	21×		6×	
2−				8+	10+	6−	1−
	2÷	2÷					
6×		3−		7−	15+	1−	108×
	19+	4−	1−				
1−				1−			
		3−		1−		28×	

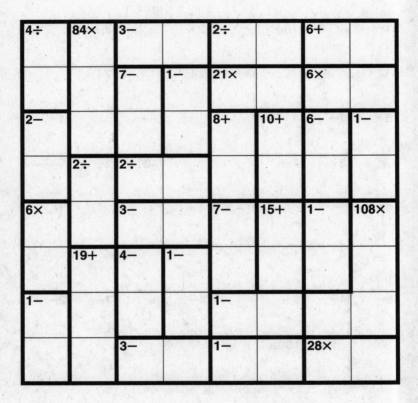

Hard +/–/×/÷ 255

56×	3–		3–		14+		8×
		2–	3÷				
30×			24×		14×	20×	5+
4÷	21+			3+			
	16+				7–	5–	1–
3–		3÷	9+				
48×			7–		48×	16+	
	6–		15×				

256 Hard +/−/×/÷

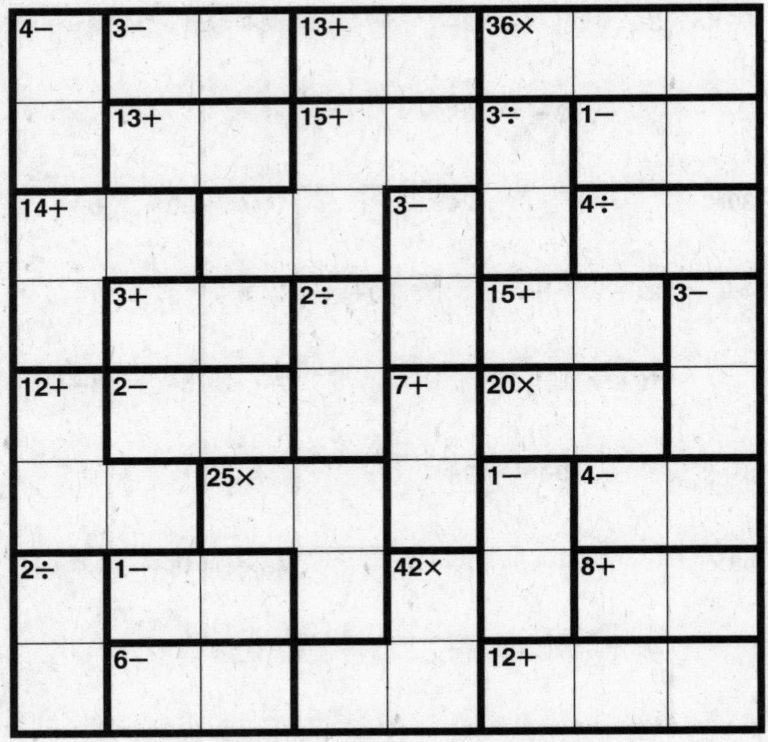

4−	3−		13+		36×		
	13+		15+		3÷	1−	
14+				3−		4÷	
	3+		2÷		15+		3−
12+	2−			7+	20×		
		25×			1−	4−	
2÷	1−			42×		8+	
	6−				12+		

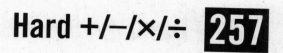

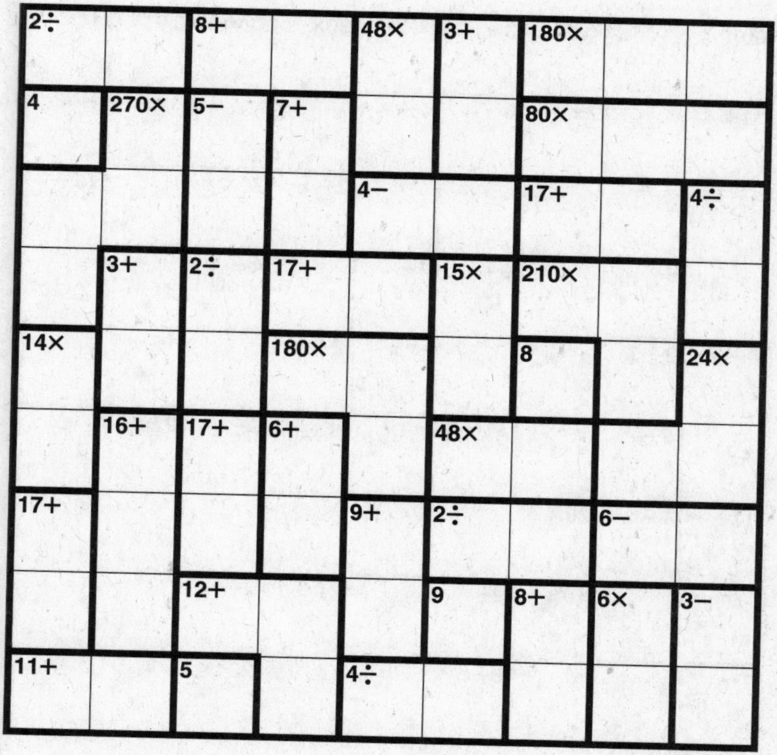

2÷		8+		48×	3+	180×		
4	270×	5−	7+			80×		
			4−		17+		4÷	
	3+	2÷	17+		15×	210×		
14×			180×			8		24×
	16+	17+	6+		48×			
17+				9+	2÷		6−	
		12+			9	8+	6×	3−
11+		5		4÷				

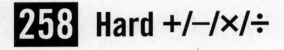

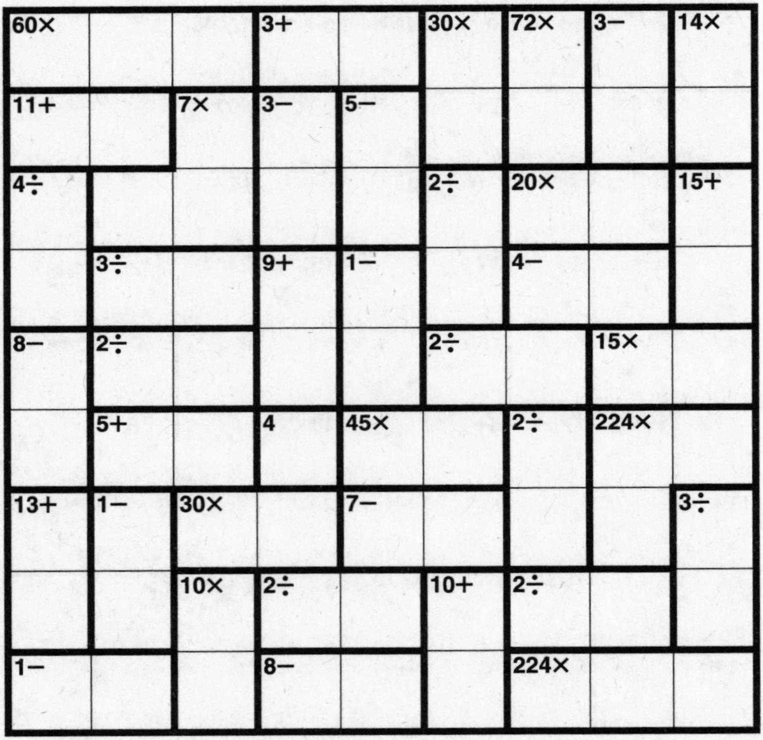

60×			3+		30×	72×	3−	14×
11+		7×	3−	5−				
4÷					2÷	20×		15+
	3÷		9+	1−		4−		
8−	2÷				2÷		15×	
	5+		4	45×		2÷	224×	
13+	1−	30×		7−				3÷
		10×	2÷		10+	2÷		
1−			8−			224×		

7×	4÷		8+	28×		1−		14+
				4÷	13+		15+	
17+		13+			8−			
	8−		11+		3−		1−	
17+	70×			27×	2÷		4×	
	100×	2−	24×		5−		17+	
					10+			448×
6×	2÷	13+		150×		8+		
		8−			4÷			

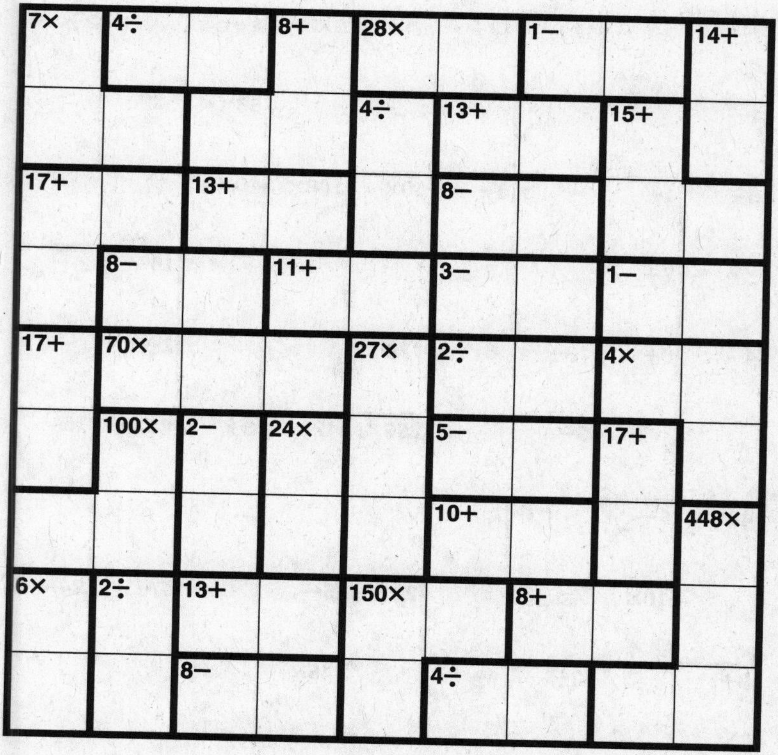

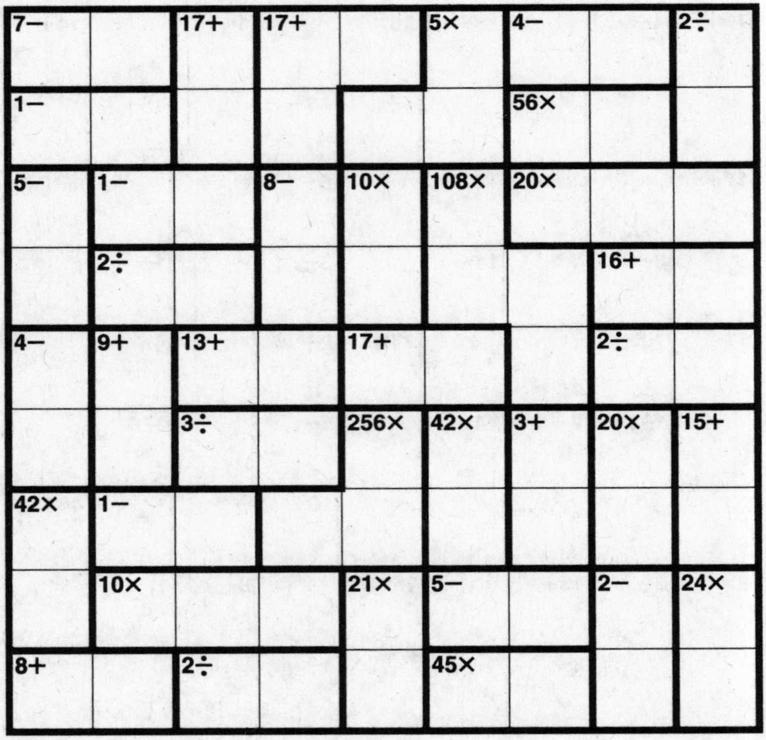

7−		17+	17+		5×	4−		2÷
1−					56×			
5−	1−		8−	10×	108×	20×		
	2÷						16+	
4−	9+	13+		17+			2÷	
		3÷		256×	42×	3+	20×	15+
42×	1−							
	10×			21×	5−		2−	24×
8+		2÷			45×			

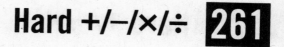

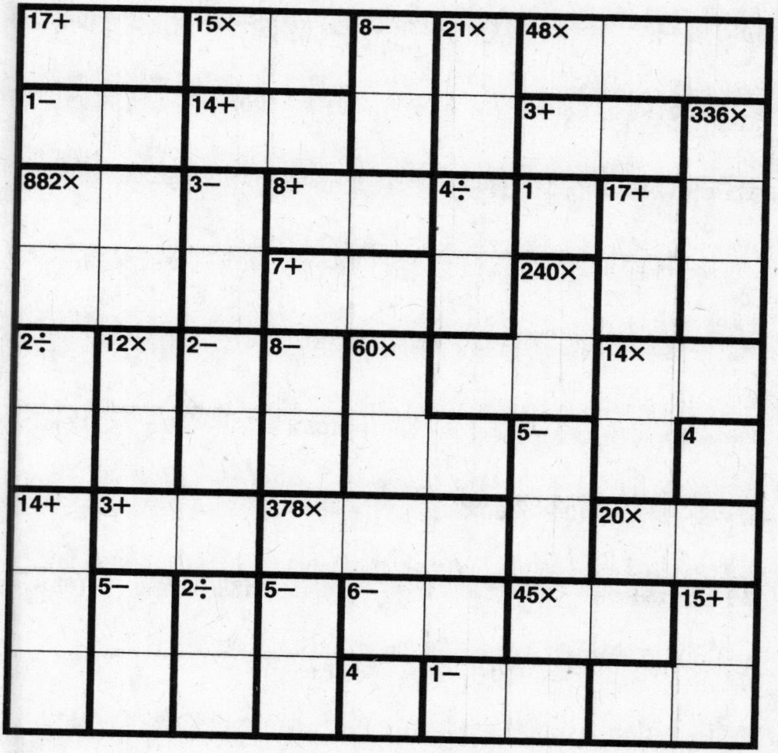

17+		15×		8−	21×	48×		
1−		14+				3+		336×
882×		3−	8+		4÷	1	17+	
			7+			240×		
2÷	12×	2−	8−	60×			14×	
						5−		4
14+	3+		378×				20×	
	5−	2÷	5−	6−		45×		15+
				4	1−			

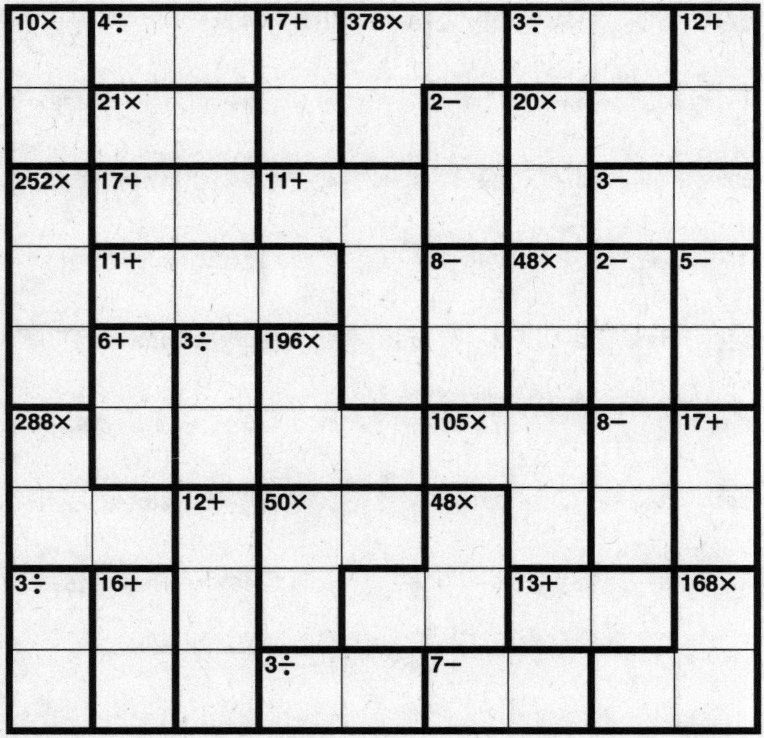

10×	4÷		17+	378×		3÷		12+
	21×				2−	20×		
252×	17+		11+				3−	
	11+				8−	48×	2−	5−
	6+	3÷	196×					
288×					105×		8−	17+
		12+	50×		48×			
3÷	16+					13+		168×
			3÷		7−			

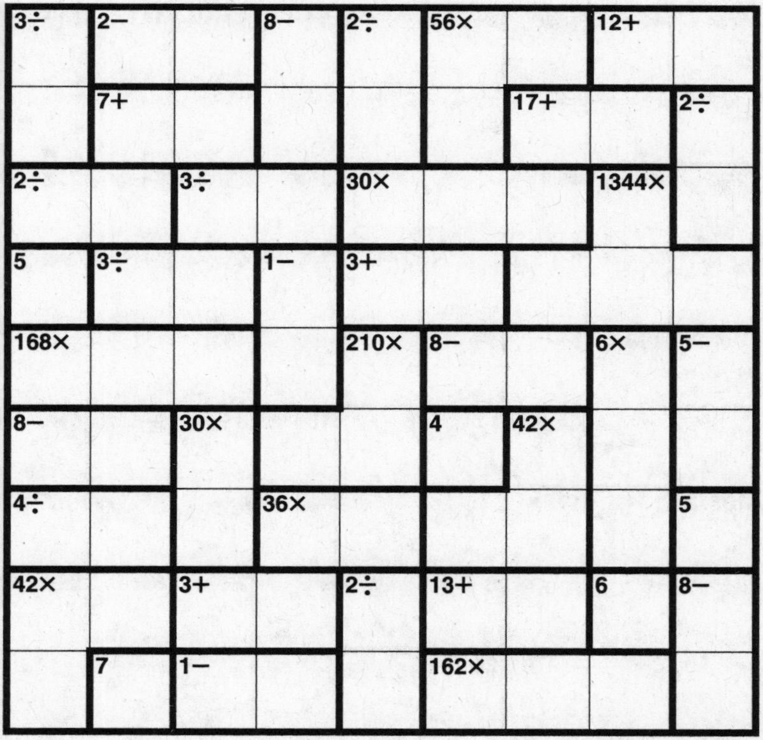

3÷	2−		8−	2÷	56×		12+	
	7+					17+		2÷
2÷		3÷		30×			1344×	
5	3÷		1−	3+				
168×				210×	8−		6×	5−
8−		30×			4	42×		
4÷			36×					5
42×		3+		2÷	13+		6	8−
	7	1−			162×			

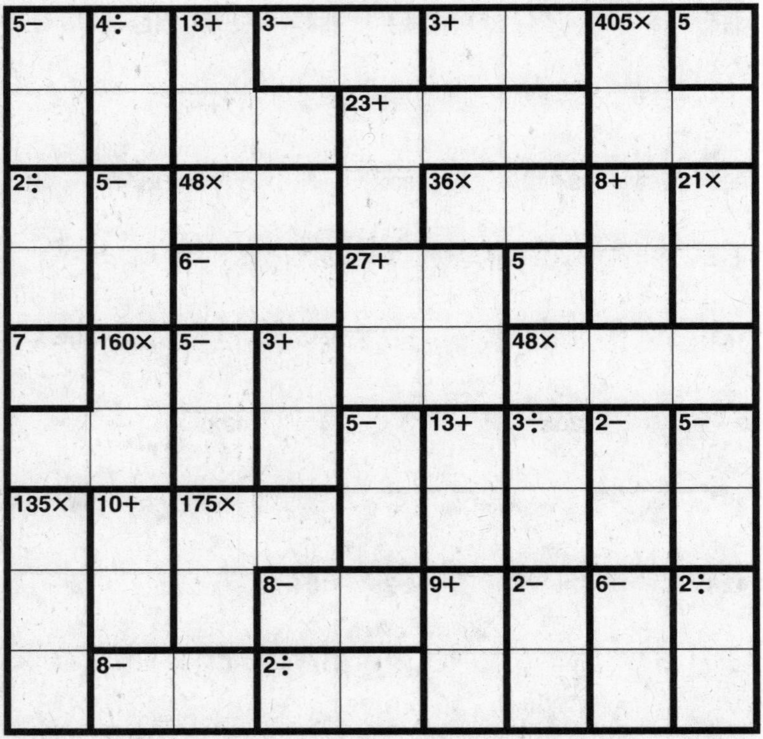

5−	4÷	13+	3−		3+		405×	5
			23+					
2÷	5−	48×			36×		8+	21×
		6−		27+		5		
7	160×	5−	3+			48×		
				5−	13+	3÷	2−	5−
135×	10+	175×						
			8−		9+	2−	6−	2÷
	8−		2÷					

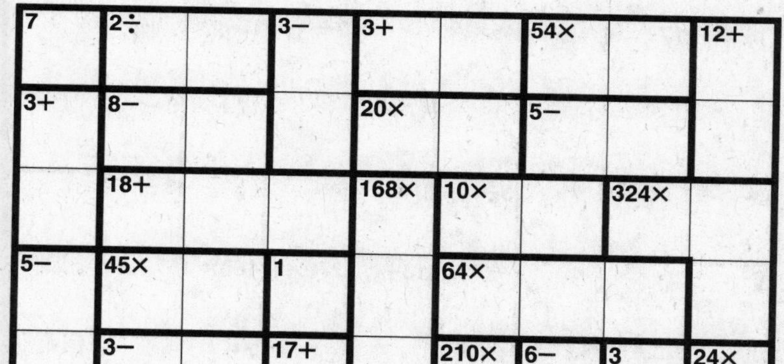

7	2÷		3−	3+		54×		12+
3+	8−			20×		5−		
	18+			168×	10×		324×	
5−	45×		1		64×			
	3−		17+		210×	6−	3	24×
60×	2÷			8−				
		3÷				17+	280×	
15+	1−	5−	1−	3÷				
				24×		2	4÷	

168×	17+		45×		3+	15+		
		3+		17+		12+	5−	
7−			3÷				3÷	
6−	8+			13+	270×	160×		
	3−	3÷	1			7+		48×
80×			36×	2÷		24×		
	3−	10+			126×			1
			17+		11+	8+		2÷
14+			11+			8−		

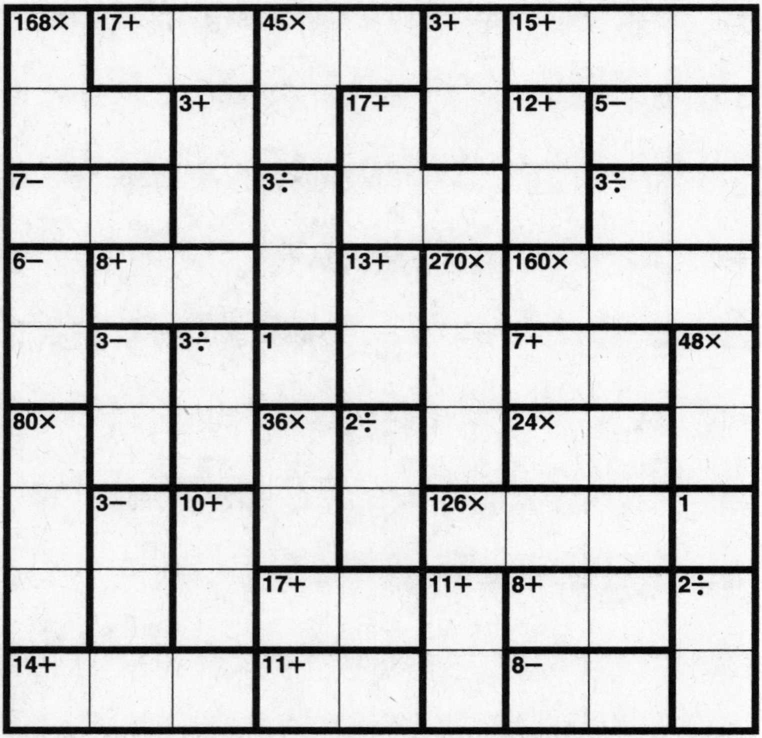

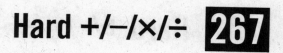

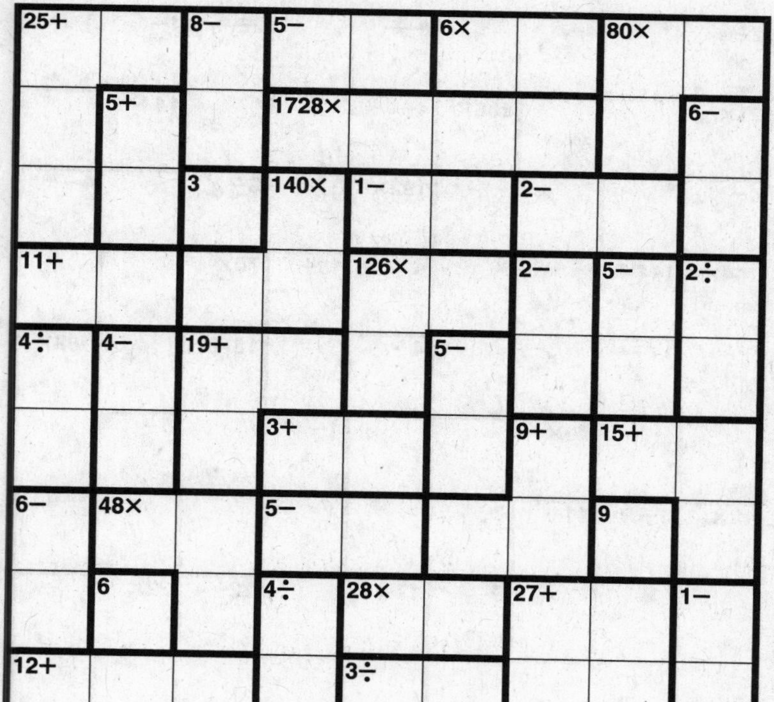

25+		8−	5−		6×		80×	
	5+		1728×					6−
		3	140×	1−		2−		
11+				126×		2−	5−	2÷
4÷	4−	19+			5−			
			3+			9+	15+	
6−	48×		5−				9	
	6		4÷	28×		27+		1−
12+				3÷				

2÷		4−		8−		2÷	1−	
21×			168×	4÷			14+	
4−				192×	2	3÷		4−
144×	144×				13+	70×		
	11+			4÷		18×		168×
		40×			1−		8−	
42×	3÷	11+	3÷					
			9	17+		22+	32×	
	13+							

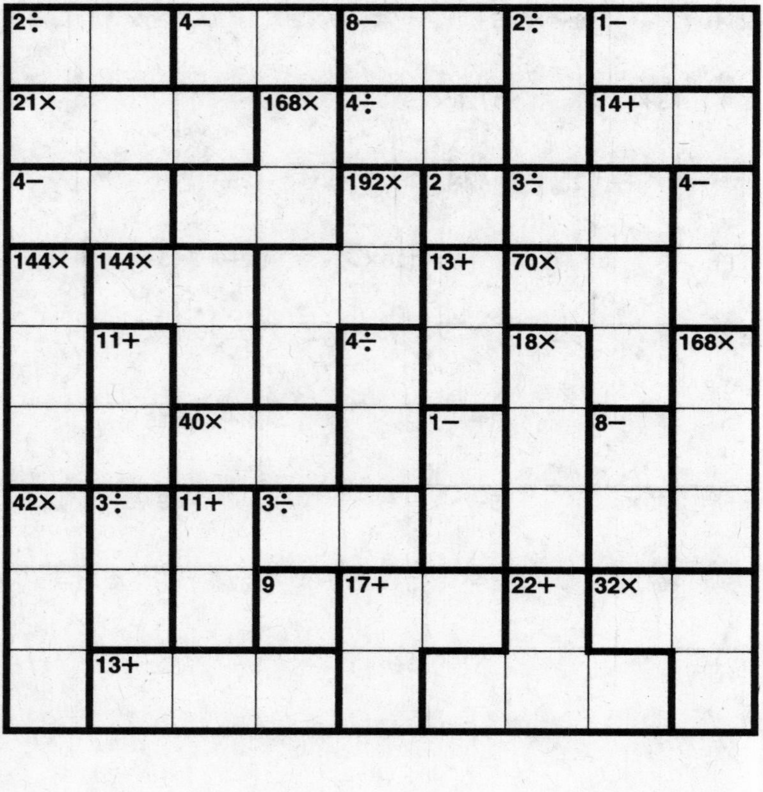

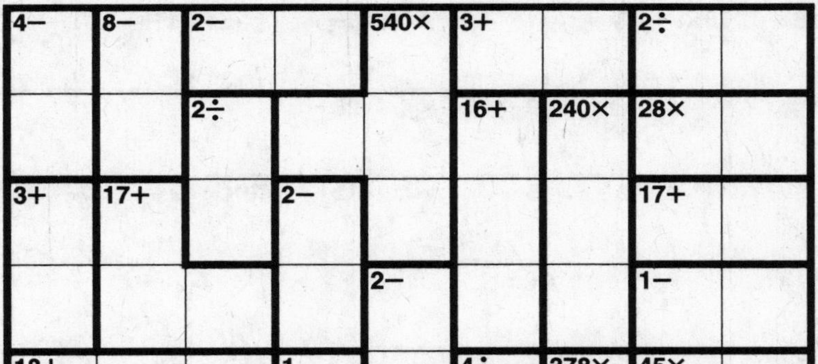

4−	8−	2−		540×	3+		2÷	
		2÷			16+	240×	28×	
3+	17+		2−				17+	
				2−			1−	
18+			1		4÷	378×	45×	
2−		2÷	2÷	15+				2−
18+					4−	4÷		
9		12+	2÷			3÷	5+	
2−			252×				1−	

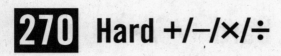

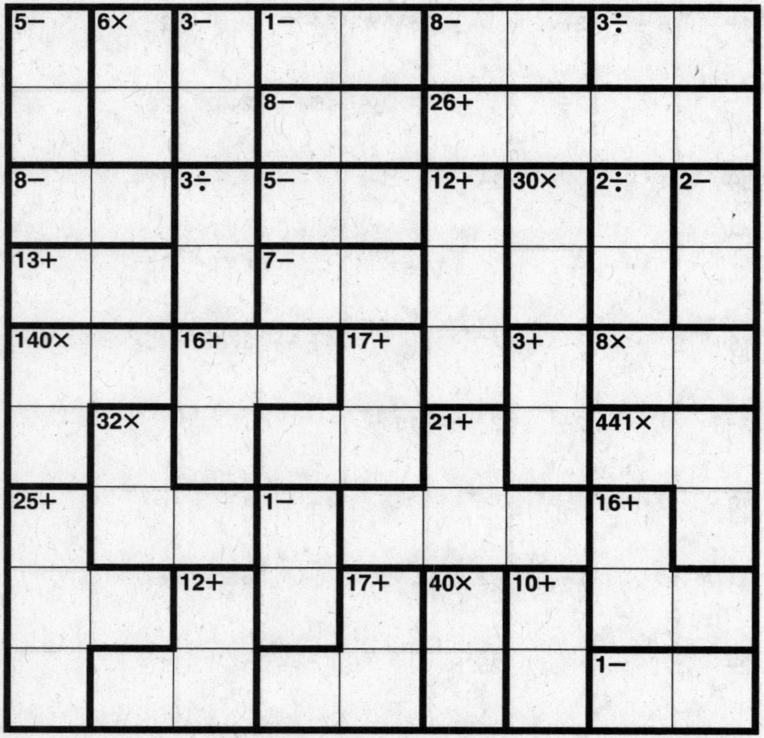

5−	6×	3−	1−		8−		3÷	
			8−		26+			
8−		3÷	5−		12+	30×	2÷	2−
13+			7−					
140×		16+		17+		3+	8×	
	32×				21+		441×	
25+			1−				16+	
		12+		17+	40×	10+		
							1−	

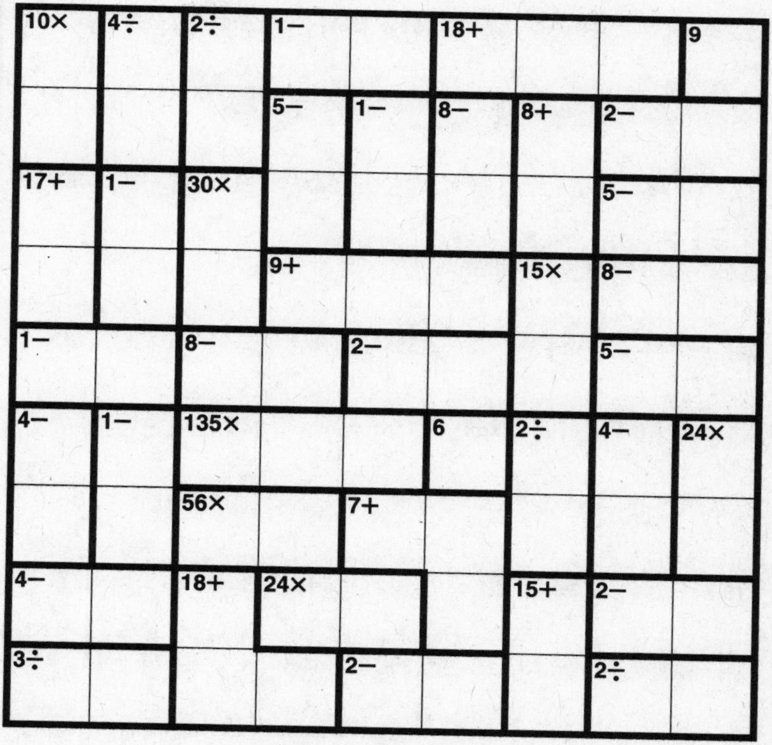

10×	4÷	2÷	1−		18+			9
		5−	1−	8−	8+	2−		
17+	1−	30×					5−	
		9+			15×	8−		
1−		8−		2−			5−	
4−	1−	135×			6	2÷	4−	24×
		56×		7+				
4−		18+	24×			15+	2−	
3÷				2−			2÷	

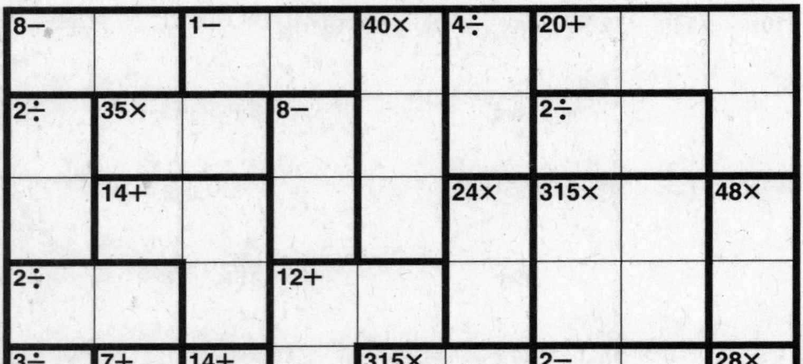

8−		1−		40×	4÷	20+		
2÷	35×		8−			2÷		
	14+			24×	315×			48×
2÷			12+					
3÷	7+	14+		315×		2−		28×
			2÷	17+		2÷	15+	
3−								8−
13+		2−	22+		54×			
1−				3+			7+	

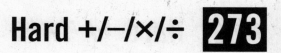

Hard +/−/×/÷ 273

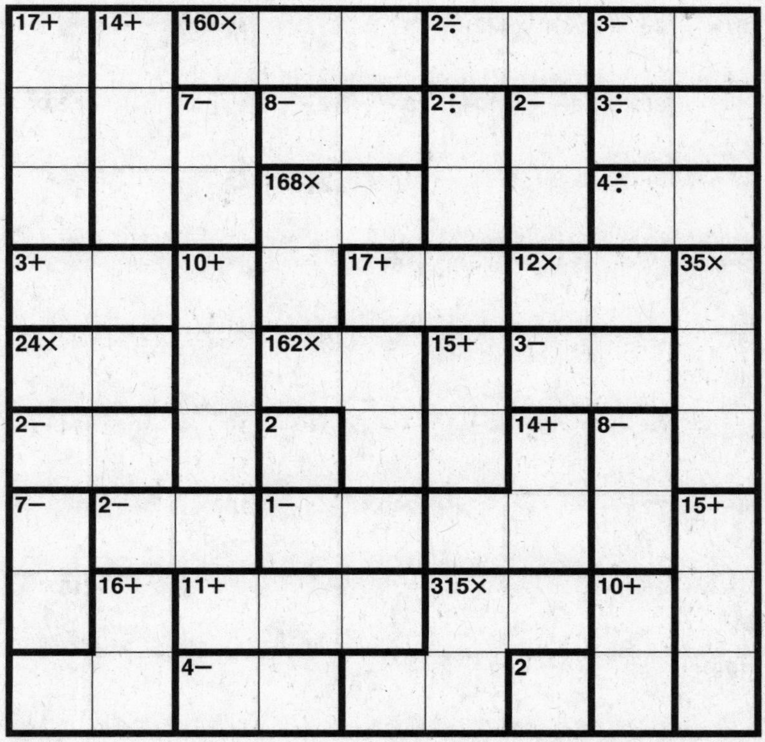

17+	14+	160×			2÷		3−	
		7−	8−		2÷	2−	3÷	
		168×					4÷	
3+		10+		17+		12×		35×
24×			162×		15+	3−		
2−			2			14+	8−	
7−	2−		1−					15+
	16+	11+			315×		10+	
		4−				2		

21×	2÷		72×			30+		
	80×	2−	10+	8−	4−			120×
				2÷	4÷			
8−		3÷		1512×			2−	
2−	9+				3−		2÷	
	6		4−		3+	3÷		14+
4−	72×			240×		189×		
	3−						6	18×
120×			2÷		1−			

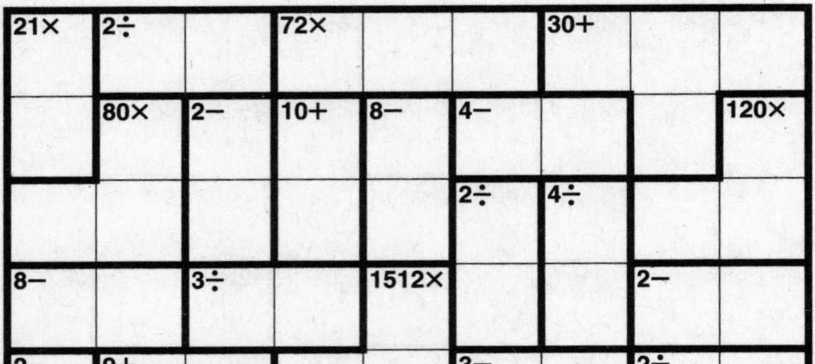

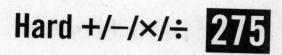

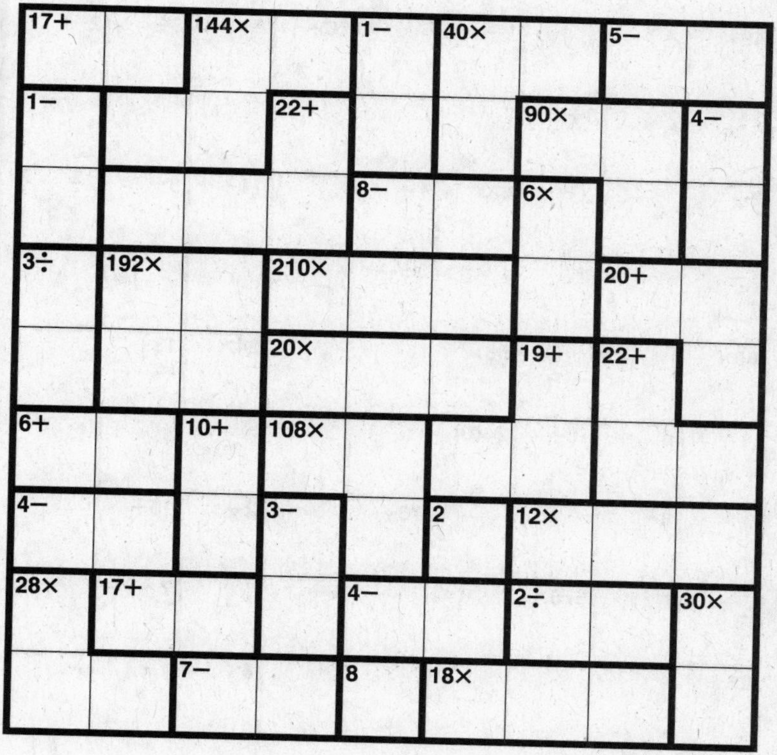

17+		144×		1−	40×		5−	
1−			22+			90×		4−
				8−		6×		
3÷	192×		210×				20+	
			20×			19+	22+	
6+		10+	108×					
4−			3−		2	12×		
28×	17+			4−		2÷		30×
		7−		8	18×			

276 Hard +/−/×/÷

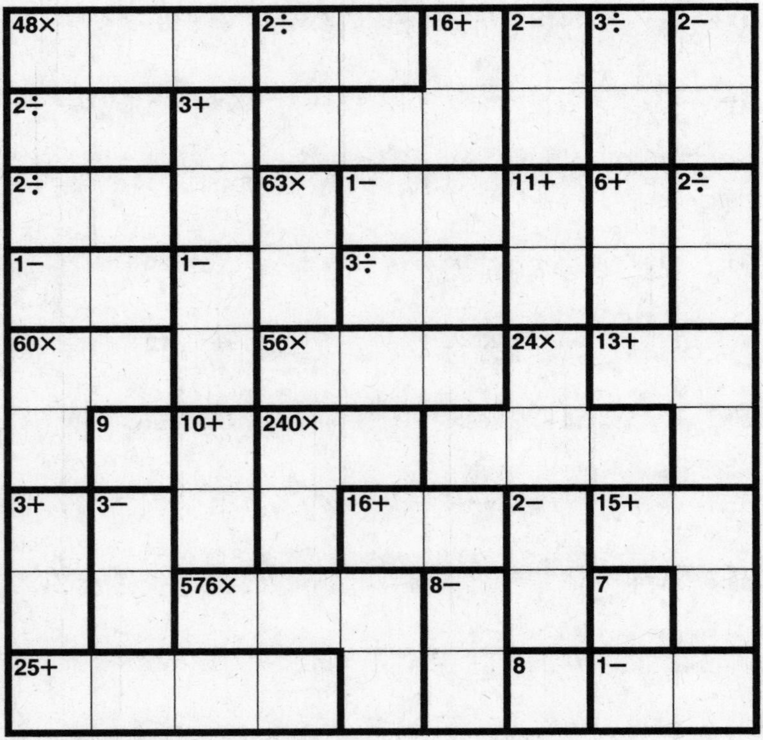

48×			2÷		16+	2−	3÷	2−
2÷		3+						
2÷			63×	1−		11+	6+	2÷
1−		1−		3÷				
60×			56×			24×	13+	
	9	10+	240×					
3+	3−			16+		2−	15+	
		576×			8−		7	
25+						8	1−	

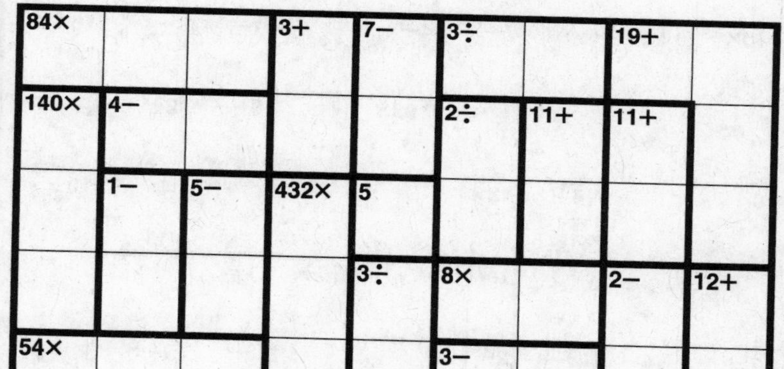

84×			3+	7−	3÷		19+	
140×	4−				2÷	11+	11+	
	1−	5−	432×	5				
				3÷	8×		2−	12+
54×					3−			
2÷	8−	14+			13+	7−	7−	
		35×		2÷			3÷	
3−		3÷	120×		6−		3−	
1−					2÷		4−	

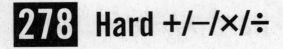

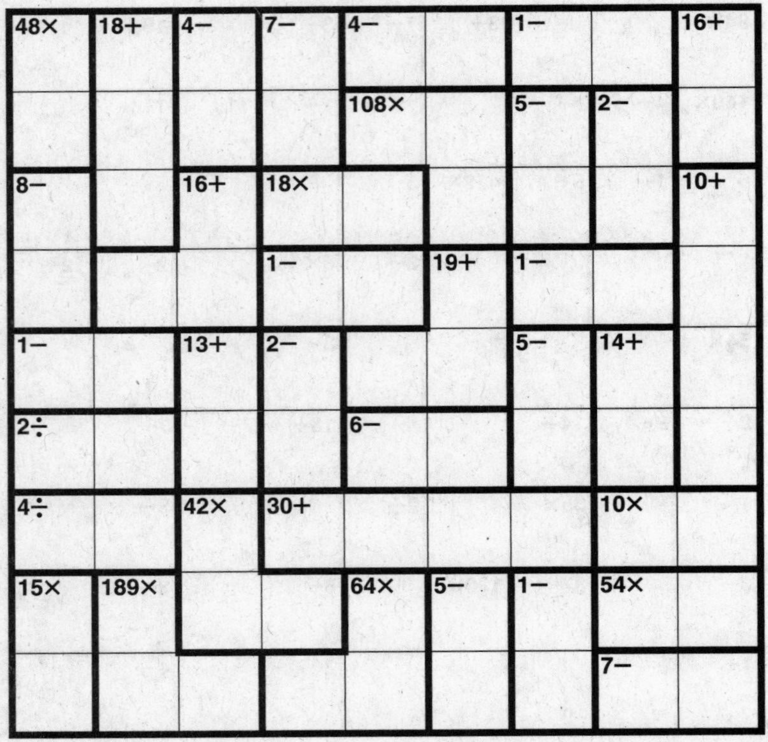

48×	18+	4−	7−	4−		1−		16+
				108×		5−	2−	
8−		16+	18×					10+
			1−		19+	1−		
1−		13+	2−			5−	14+	
2÷				6−				
4÷		42×	30+				10×	
15×	189×			64×	5−	1−	54×	
							7−	

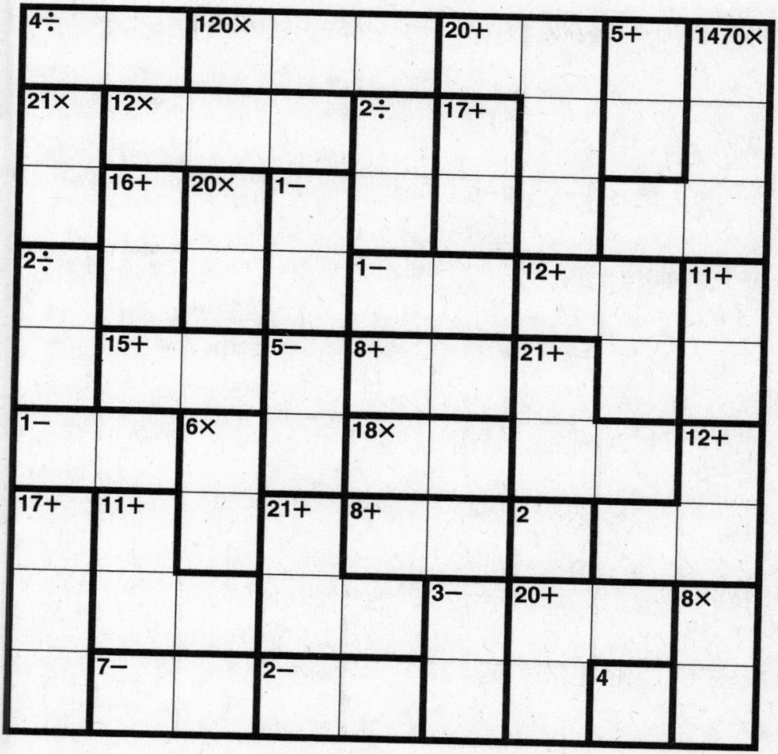

4÷		120×			20+		5+	1470×
21×	12×			2÷	17+			
	16+	20×	1−					
2÷				1−		12+		11+
	15+		5−	8+		21+		
1−		6×		18×				12+
17+	11+		21+	8+		2		
					3−	20+		8×
	7−		2−				4	

42×		9+	2−		2÷		7−	
4−			2−		3÷		336×	
3−		8−	3−	90×		2÷		
10+	48×			48×			2−	4−
		1−				280×		
	7+	30+					48×	3÷
		2÷	13+					
10+			2−		8+	7−		2−
48×			35×				4	

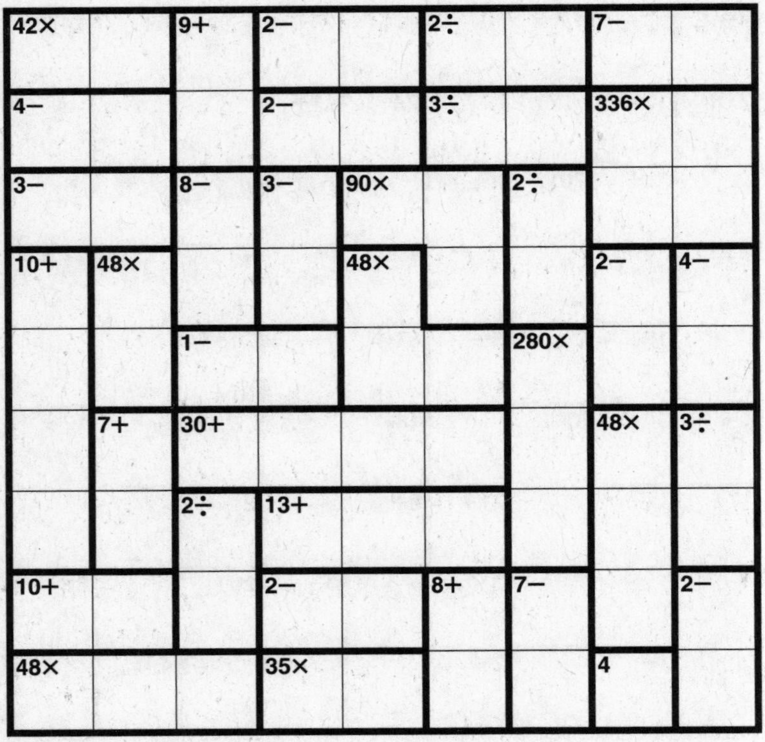

Hard +/−/×/÷ 281

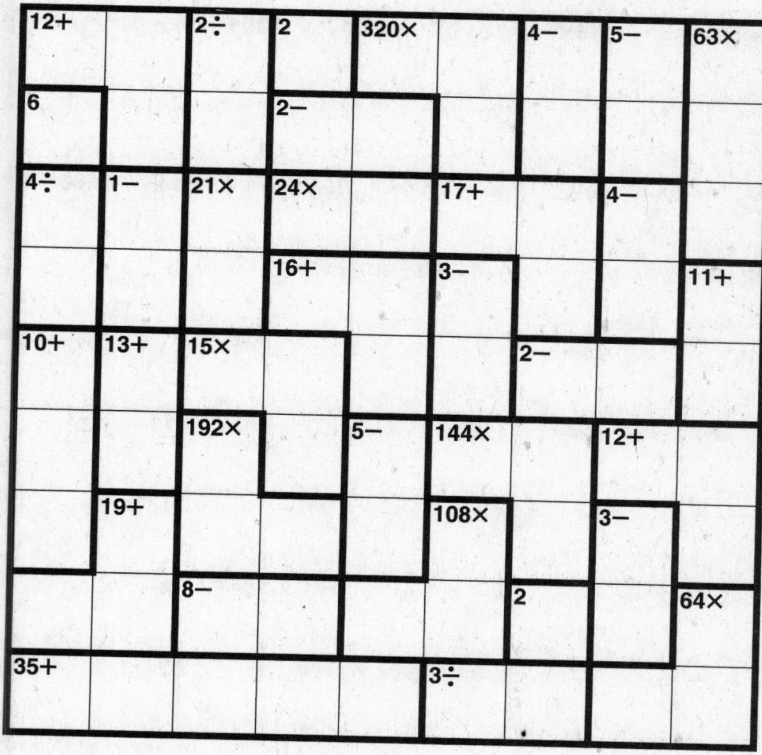

12+		2÷	2	320×		4−	5−	63×
6			2−					
4÷	1−	21×	24×		17+		4−	
			16+		3−			11+
10+	13+	15×				2−		
		192×		5−	144×		12+	
	19+				108×		3−	
		8−				2		64×
35+					3÷			

3÷		15×	15+		17+	20+	6−	
1−			12+				2−	
	35+	4−		1	15+		14+	280×
5			3÷					
18×		1−			1−			
		2÷	13+				16+	3÷
			6−					
1−	2÷		4−	3÷		5−	8−	
	5−			35×			24×	

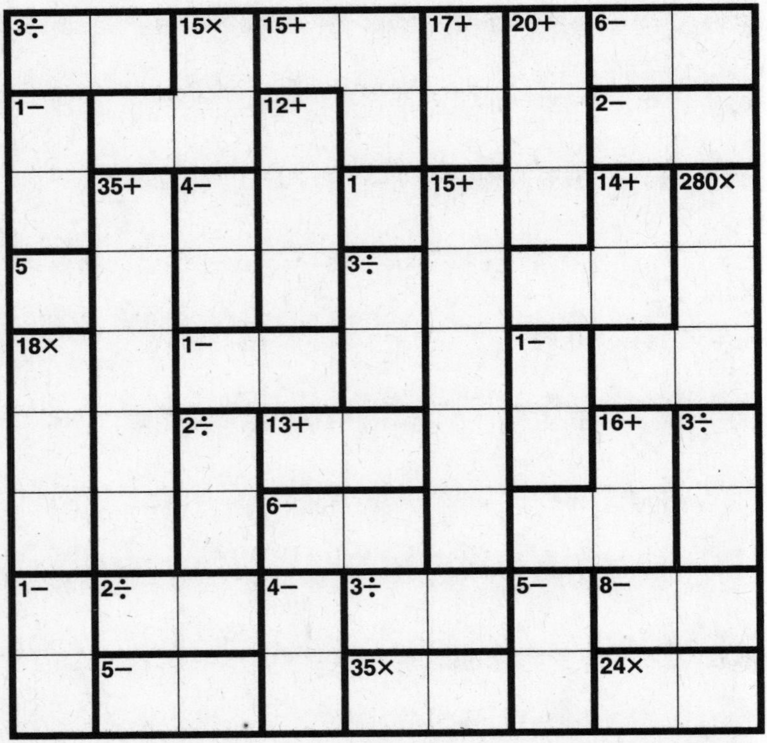

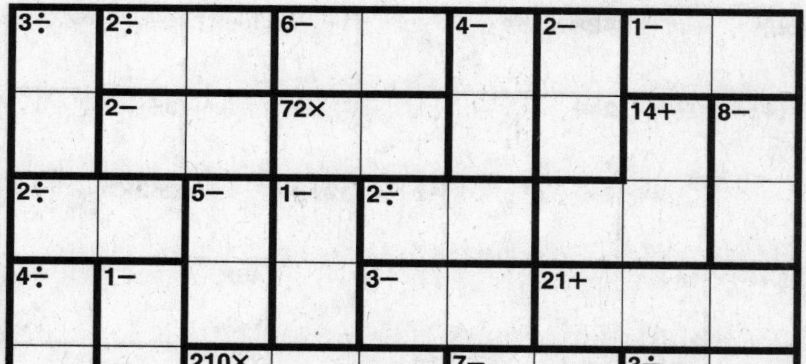

3÷	2÷		6−		4−	2−	1−	
	2−		72×				14+	8−
2÷		5−	1−	2÷				
4÷	1−			3−		21+		
		210×			7−		3÷	
8+			10+	162×		18+		
3÷	7−	21+			49×	120×		96×
2−			64×			3÷		6

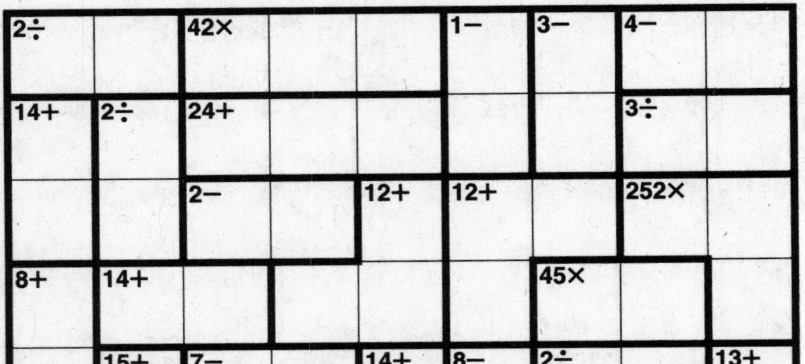

2÷		42×			1−	3−	4−	
14+	2÷	24+					3÷	
		2−		12+	12+		252×	
8+	14+					45×		
	15+	7−		14+	8−	2÷		13+
15×						9+		
	3÷	9+		42×			112×	
11+		28×	4−		14+			
			17+			8	2−	

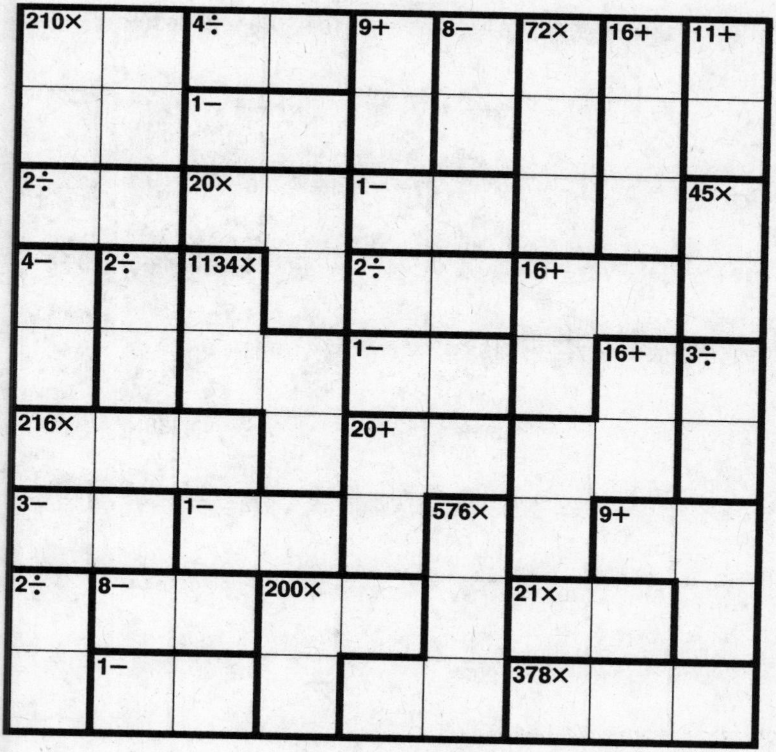

210×		4÷		9+	8−	72×	16+	11+
		1−						
2÷		20×		1−				45×
4−	2÷	1134×		2÷		16+		
				1−			16+	3÷
216×				20+				
3−		1−			576×		9+	
2÷	8−		200×			21×		
	1−					378×		

286 Hard +/−/×/÷

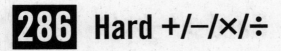

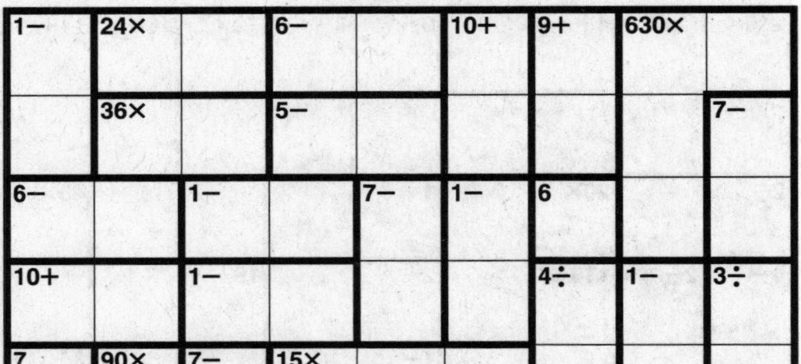

1−	24×		6−		10+	9+	630×	
	36×		5−					7−
6−		1−		7−	1−	6		
10+		1−				4÷	1−	3÷
7	90×	7−	15×					
24×			30+				56×	
		3÷		15+	5−	4−		
2÷	6−	30×				3÷	21+	
			90×					

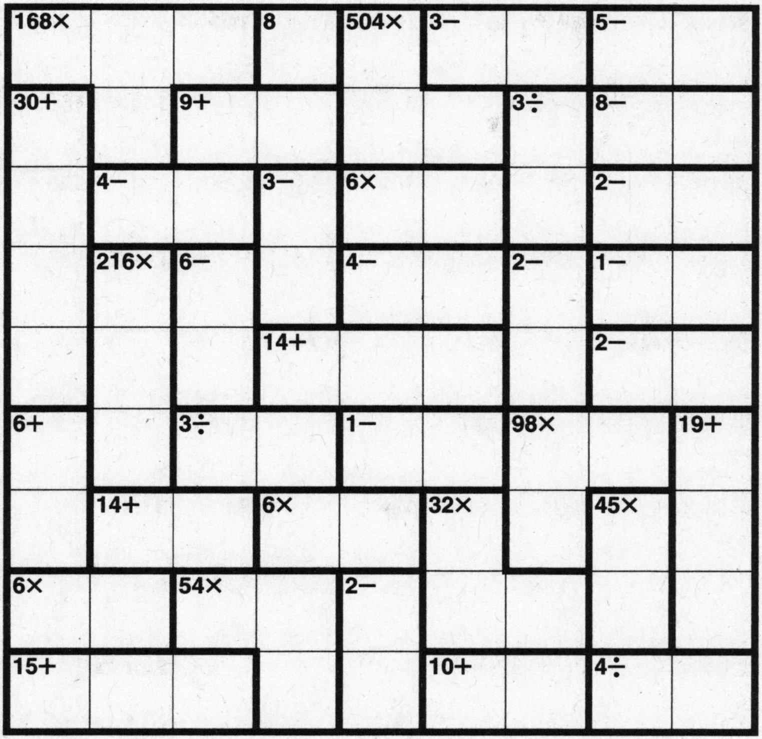

168×			8	504×	3−		5−	
30+		9+				3÷	8−	
	4−		3−	6×			2−	
	216×	6−		4−		2−	1−	
			14+				2−	
6+		3÷		1−		98×		19+
	14+		6×		32×		45×	
6×		54×		2−				
15+					10+		4÷	

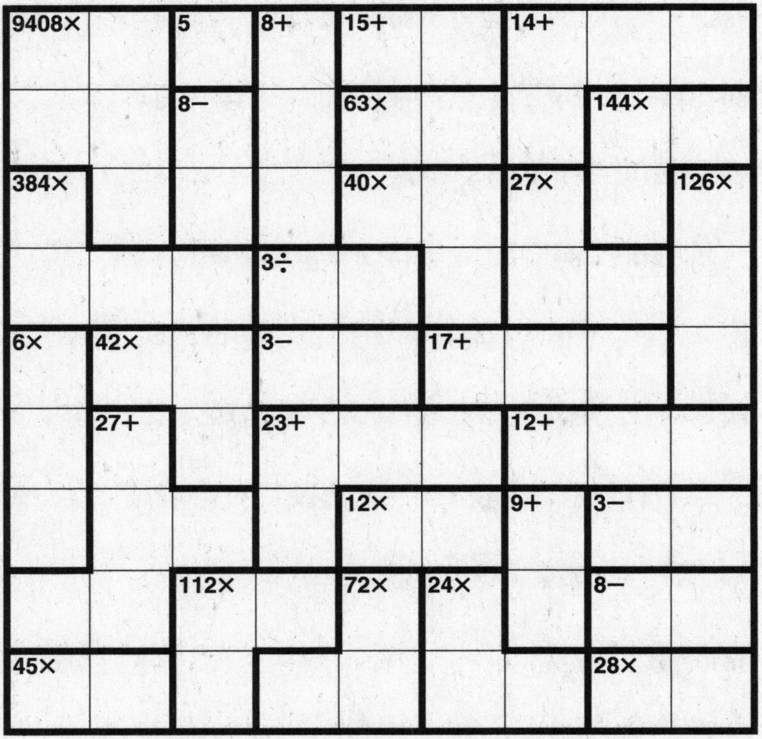

9408×		5	8+	15+		14+		
		8−		63×			144×	
384×				40×		27×		126×
			3÷					
6×	42×		3−		17+			
	27+		23+			12+		
				12×		9+	3−	
	112×		72×	24×			8−	
45×							28×	

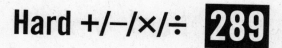

24+			10+				1−	
40×	3÷		54×	3−		7−		378×
	2	168×		2−	12+			
						22+		
9+		14+	12×			3÷		
6×			21+	7	21+	120×		11+
5−				8−			10×	
36×		3÷				42×		
3÷			3−				36×	

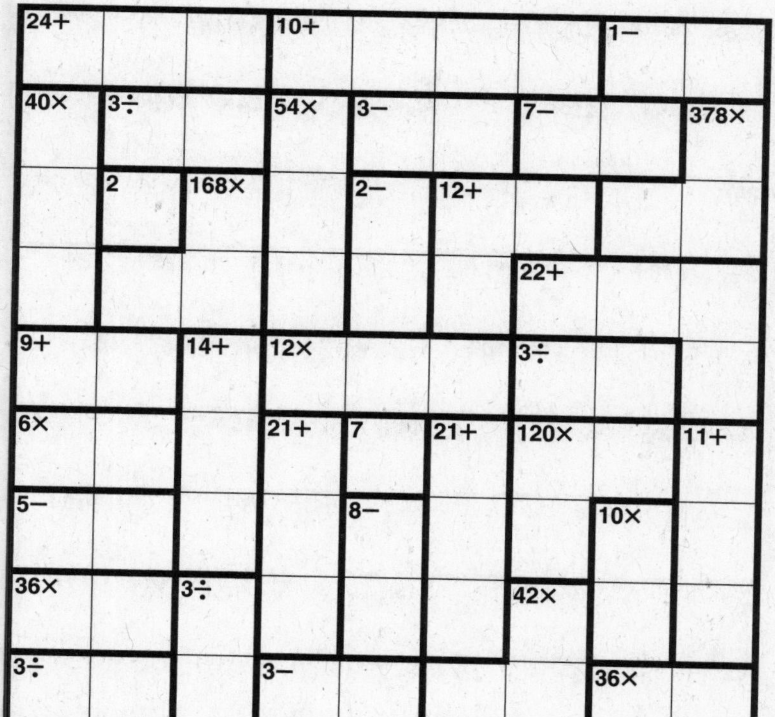

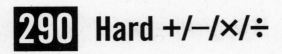

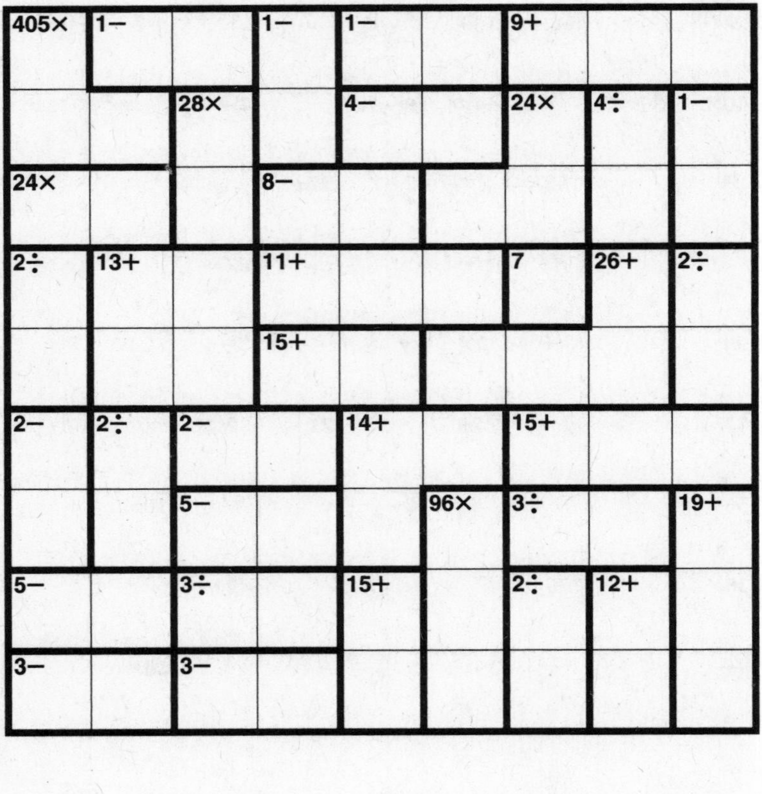

405×	1−		1−	1−		9+		
		28×		4−		24×	4÷	1−
24×			8−					
2÷	13+		11+			7	26+	2÷
			15+					
2−	2÷	2−		14+		15+		
		5−			96×	3÷		19+
5−		3÷		15+		2÷	12+	
3−		3−						

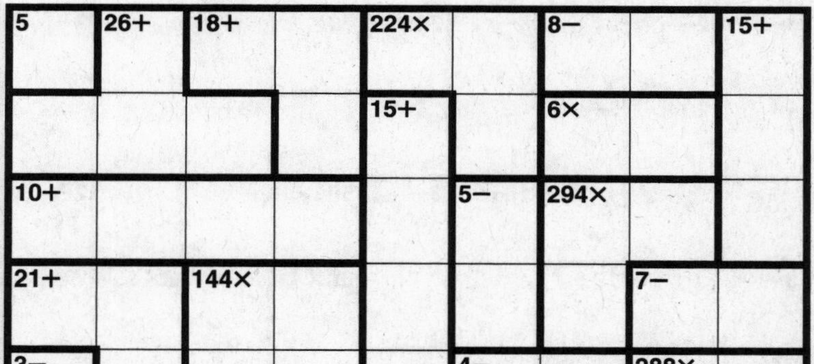

5	26+	18+		224×		8−		15+
				15+		6×		
10+					5−	294×		
21+		144×					7−	
3−					4−		288×	
	5−	8	10+				105×	
7−		4−	17+			15+		
	36×		8	2−			3÷	
		6−			4÷		9+	

1−	2÷		8−	72×	30×			2−
	20+	5−				18+		
			10+	3−	504×			2÷
3−		19+			30×		8×	
24×			1−					5
8+			2−	8−		10+		48×
336×		3÷					17+	
36×			4÷	882×				7+
	6+					2−		

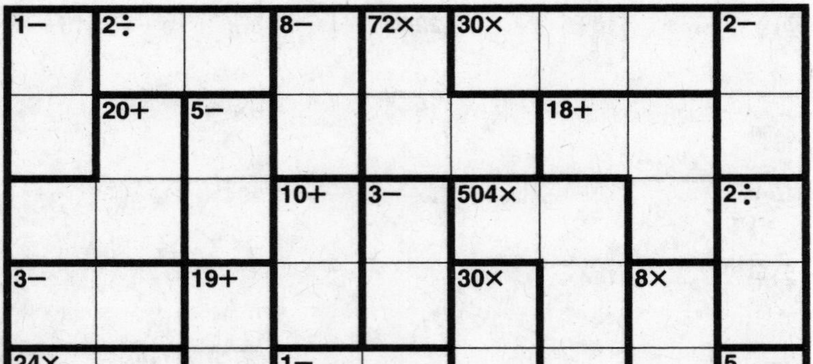

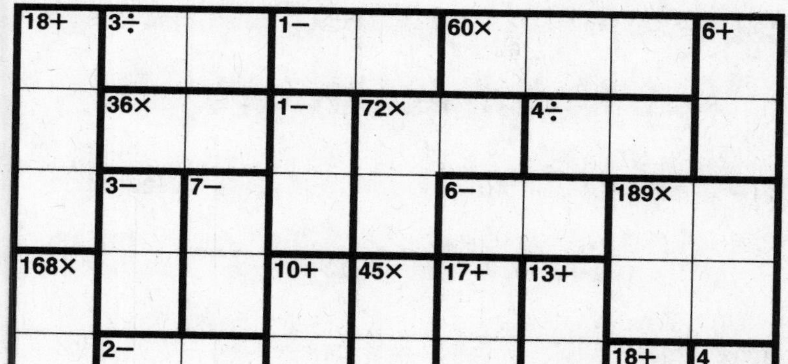

18+	3÷		1−		60×			6+
	36×		1−	72×		4÷		
	3−	7−			6−		189×	
168×			10+	45×	17+	13+		
	2−						18+	4
	3−	9+						
2			8−	48×	1−			23+
2−	1−					9+		
	3÷		2÷		126×			

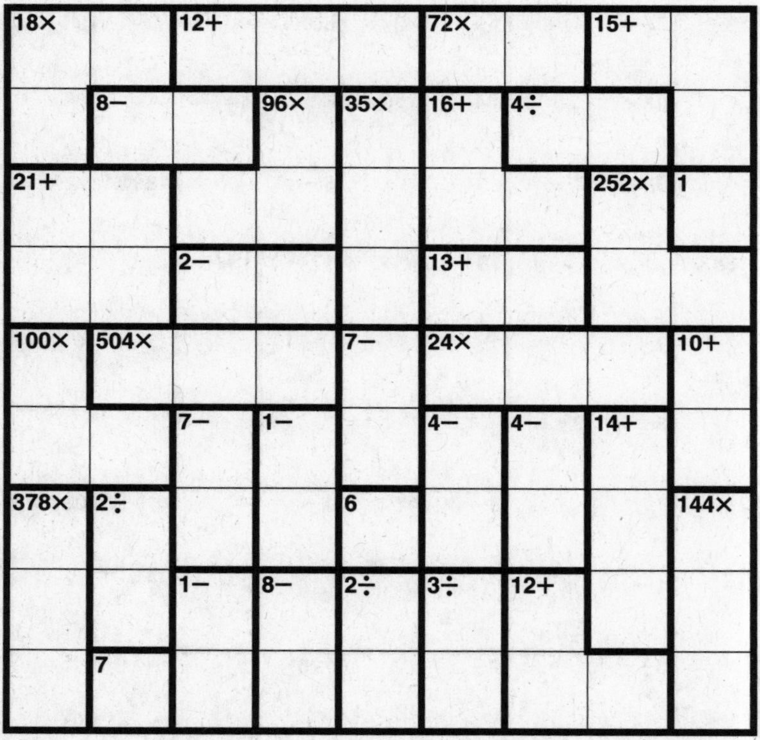

18×		12+			72×		15+	
	8−		96×	35×	16+	4÷		
21+							252×	1
		2−			13+			
100×	504×			7−	24×			10+
		7−	1−		4−	4−	14+	
378×	2÷			6				144×
		1−	8−	2÷	3÷	12+		
	7							

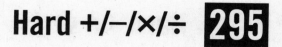

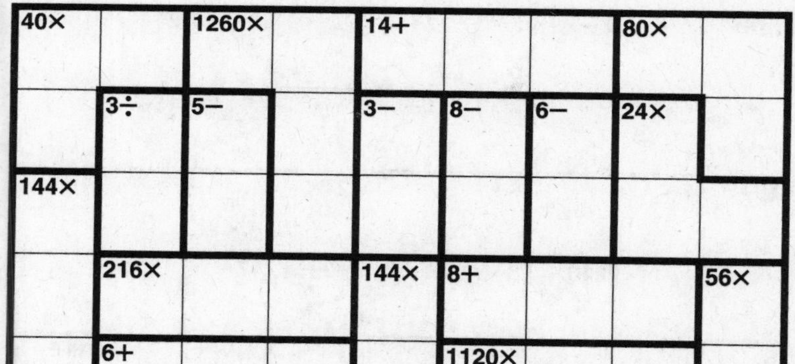

40×		1260×		14+			80×	
	3÷	5−		3−	8−	6−	24×	
144×								
	216×			144×	8+			56×
	6+				1120×			
11+		1296×					10+	
	224×	5				26+		162×
16+			112×	4−	16+			

216×		6−	5−	7+		4−	20+	
				1−			15+	
19+	7−		8+		24×			1−
		216×	8−			12+	17+	
5			1−					11+
80×			2÷					
	3−		24×		10+		1−	
49×	1	24×	2−	40×		4÷		162×
				1−				

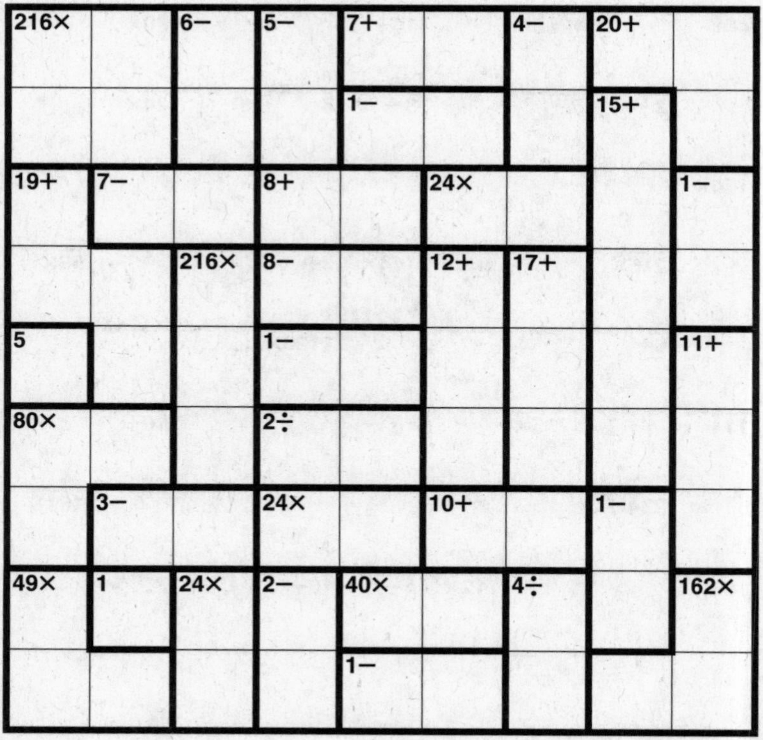

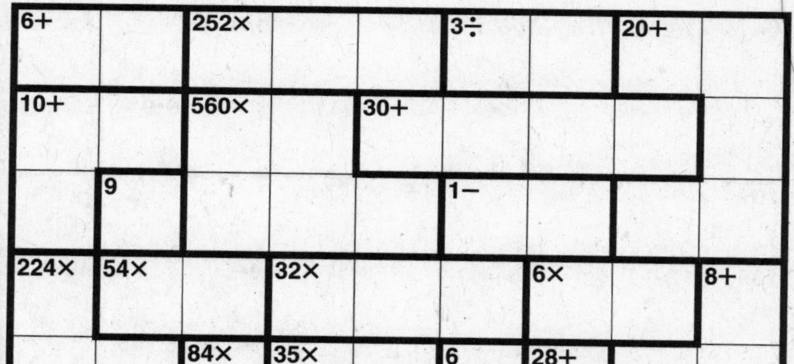

6+		252×			3÷		20+	
10+		560×		30+				
	9				1−			
224×	54×		32×			6×		8+
		84×	35×		6	28+		
			54×					
108×	40×		23+		27×	3−		20+
	96×			20×			19+	

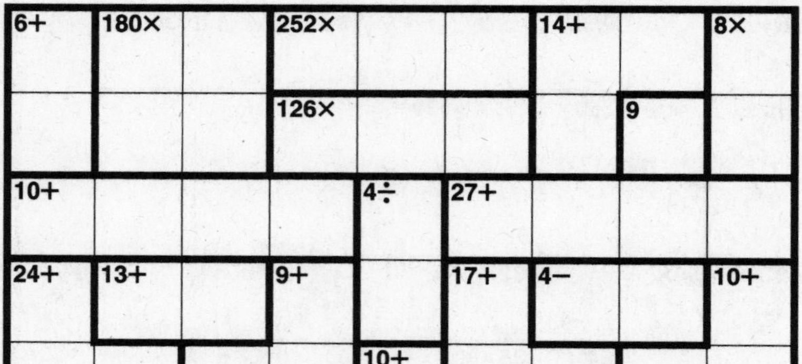

6+	180×		252×			14+		8×
			126×				9	
10+				4÷	27+			
24+	13+		9+		17+	4−		10+
				10+				
5−		20×			2÷		42×	
17+	1−	1296×					2÷	126×
		8+		120×				
	1−		60×			2−		

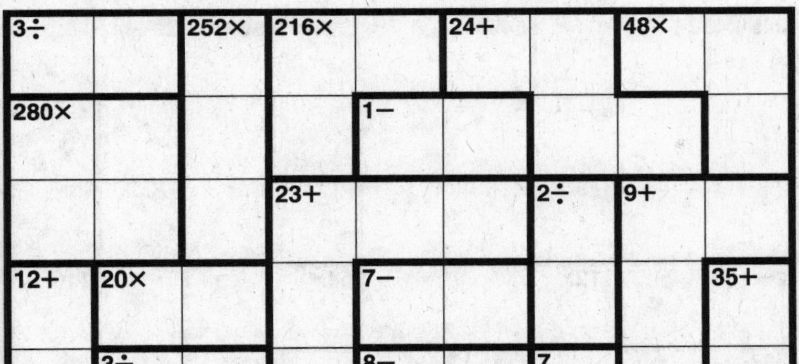

3÷		252×	216×		24+		48×	
280×			1−					
		23+			2÷	9+		
12+	20×		7−					35+
	3÷		8−		7			
	3−		288×	12×		7−	11+	
315×		24×						
	8		28×	7−		20+		
6×							8−	

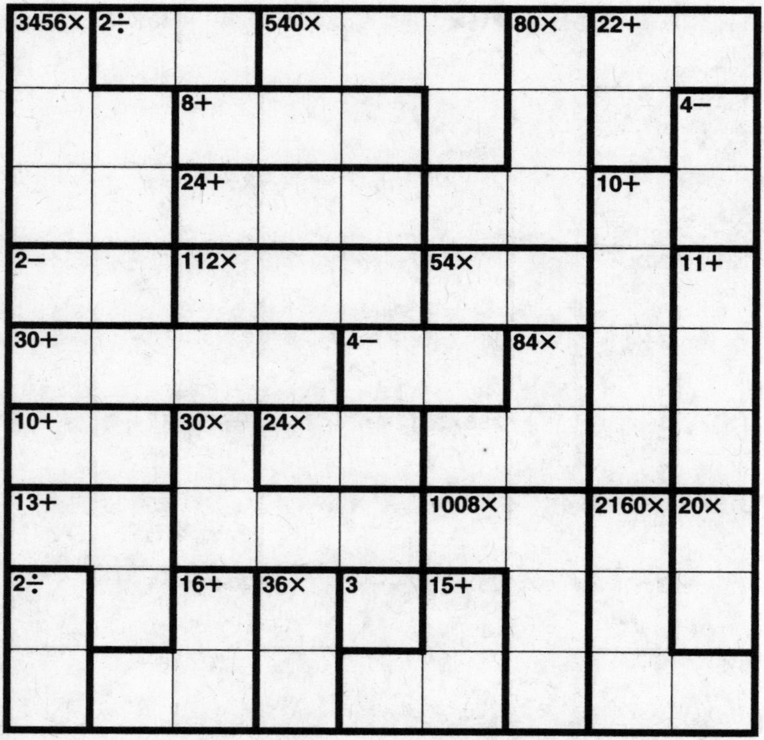

3456×	2÷		540×			80×	22+	
		8+						4−
		24+					10+	
2−		112×			54×			11+
30+				4−		84×		
10+		30×	24×					
13+					1008×		2160×	20×
2÷		16+	36×	3	15+			

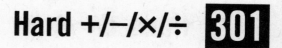

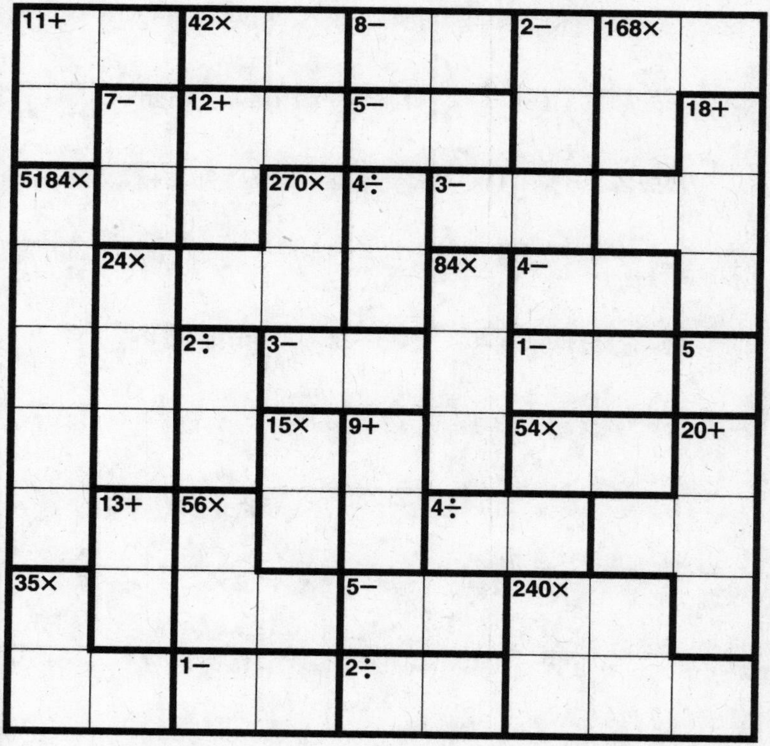

11+		42×		8−		2−	168×	
	7−	12+		5−				18+
5184×			270×	4÷	3−			
	24×				84×	4−		
		2÷	3−			1−		5
		15×	9+			54×		20+
	13+	56×			4÷			
35×				5−		240×		
		1−		2÷				

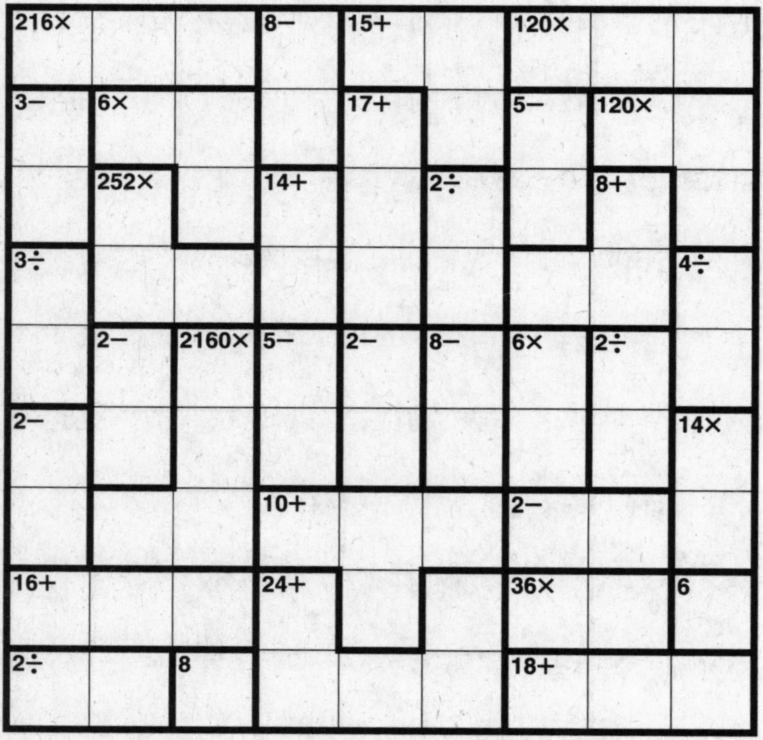

216×			8−	15+		120×		
3−	6×			17+		5−	120×	
	252×		14+		2÷		8+	
3÷								4÷
	2−	2160×	5−	2−	8−	6×	2÷	
2−								14×
			10+			2−		
16+			24+			36×		6
2÷		8				18+		

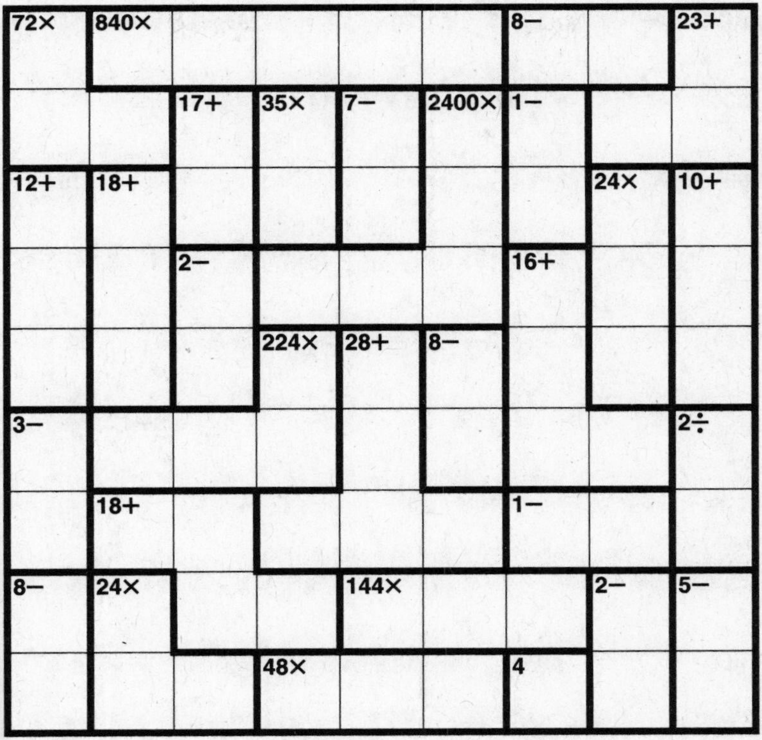

72×	840×					8−		23+
		17+	35×	7−	2400×	1−		
12+	18+						24×	10+
		2−				16+		
			224×	28+	8−			
3−								2÷
	18+					1−		
8−	24×			144×			2−	5−
			48×			4		

6	8−		5−	20×		6−	1344×	
360×				5−	14×			
9+		12+				1−		15+
	30+		15×		48×			
15+		6	2−		4÷		3÷	
		2−	12×		1−		8+	
			48×	1−	3÷	4−		
40×						1−	21×	
14+			18×				8	

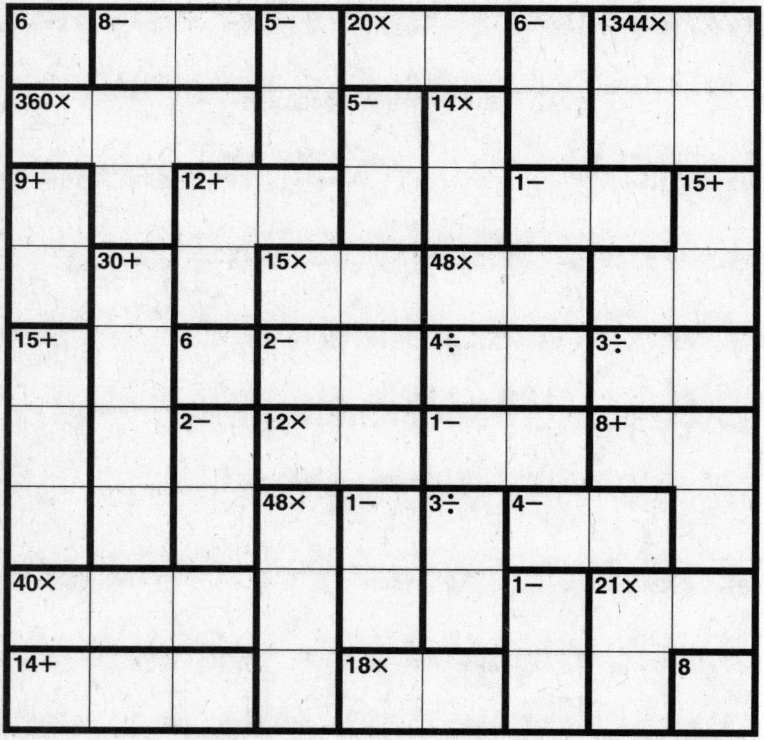

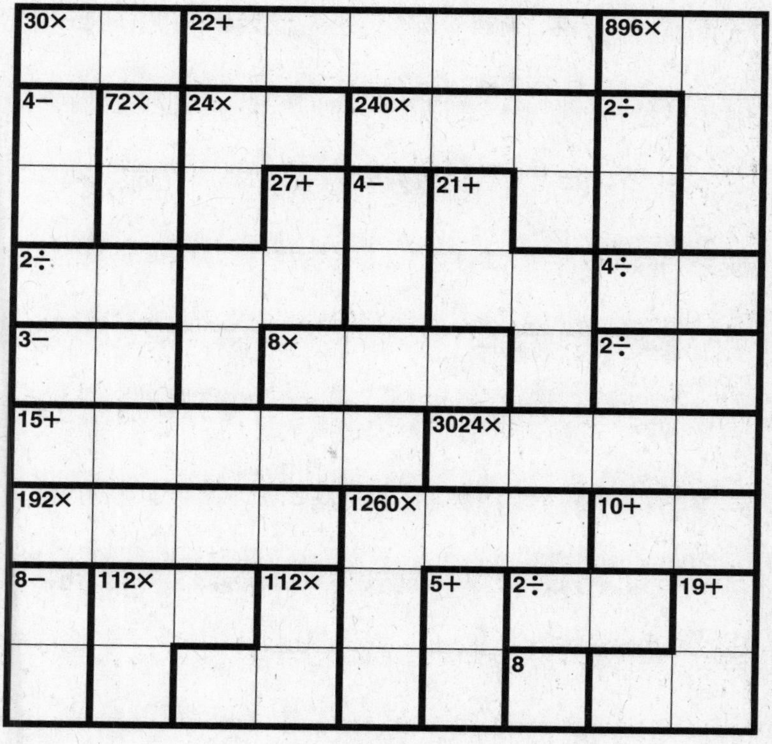

30×		22+					896×	
4−	72×	24×		240×			2÷	
			27+	4−	21+			
2÷							4÷	
3−			8×				2÷	
15+					3024×			
192×				1260×			10+	
8−	112×		112×		5+	2÷		19+
						8		

306 Hard +/–/×/÷

3+		17+	17+			288×		63×
2–	9+				8+	6		
		2–		12×			180×	1–
336×	42×				21+			
	2–		8–			18+	4÷	
	72×			3÷				4–
5–	11+	4–			16+			
		24×		392×		15+		10+
8–			5					

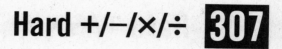

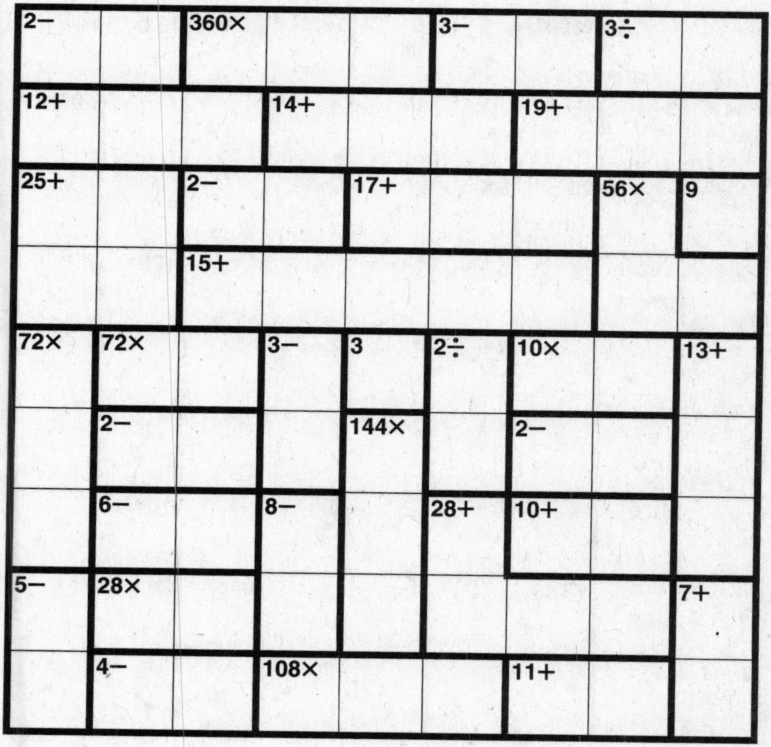

2−		360×			3−		3÷	
12+			14+			19+		
25+		2−		17+			56×	9
		15+						
72×	72×		3−	3	2÷	10×		13+
	2−			144×		2−		
	6−		8−		28+	10+		
5−	28×							7+
	4−		108×			11+		

308 Hard +/−/×/÷

4−		**189×**			**192×**		**13+**	
384×	**3÷**	**4÷**		**8−**				**105×**
		25+	**6×**		**9+**			
	192×		**5**	**16×**			**126×**	**36×**
			7+	**1**	**2−**			
2−				**24+**				
	10+		**4−**		**3÷**		**18+**	
		72×		**1−**		**600×**	**24×**	
2−		**1−**						

4÷	2−		5−		24×			18+
	17+	24+			20+			
		16+				3÷		
8−	6×		3−		23+	840×	6−	16+
		288×						
756×		84×	24×					
				6×		3−		7−
1−		120×				5−		
	1−		3÷		5−		4÷	

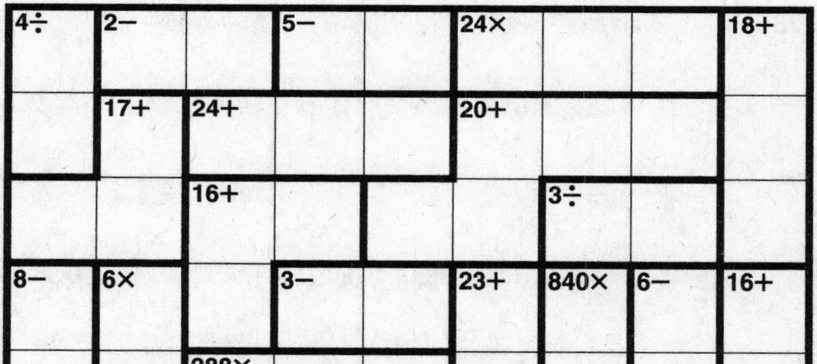

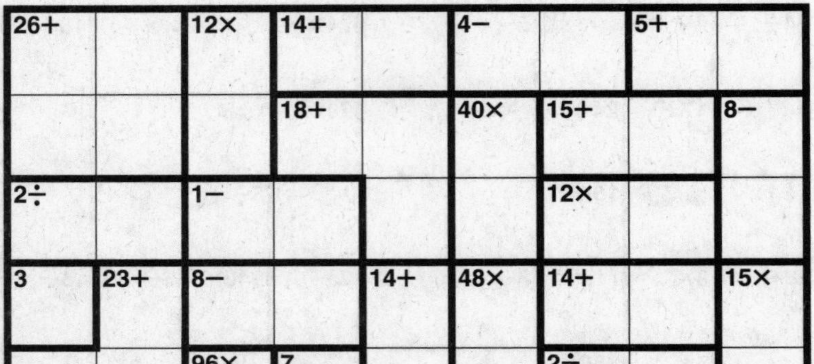

26+		12×	14+		4−		5+	
			18+		40×	15+		8−
2÷		1−				12×		
3	23+	8−		14+	48×	14+		15×
		96×	7			2÷		
360×						36×		336×
		3÷		17+	21×	3−		
	48×	5−				15+		
			2−		2−		4÷	

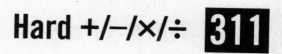

4÷		840×					6−	
2÷		24+	11+	3−	270×	28×	17+	
6+							6×	
18+				24+			160×	
					12+			
5−	2÷	30+				12+		8+
		2	21+	1−	3÷	640×		
24+		8+					21+	

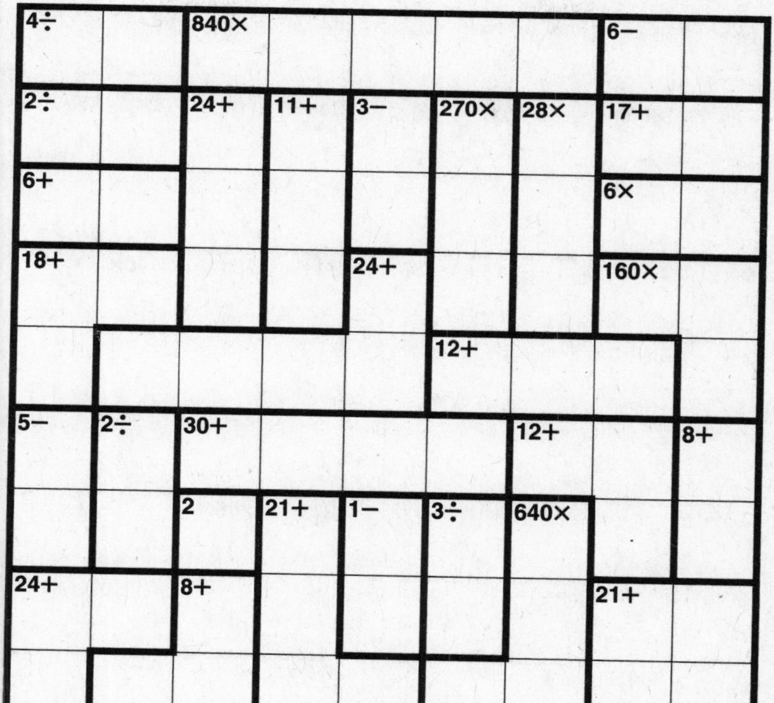

1−	30+				2÷		3÷	
	1890×			2	34+		54×	8+
6	8−		18+	30×	24+	588×	1440×	
2÷	6×							
	2÷							
22+		6+			21+	288×		1−
5−		6−						
	504×				6+		7−	

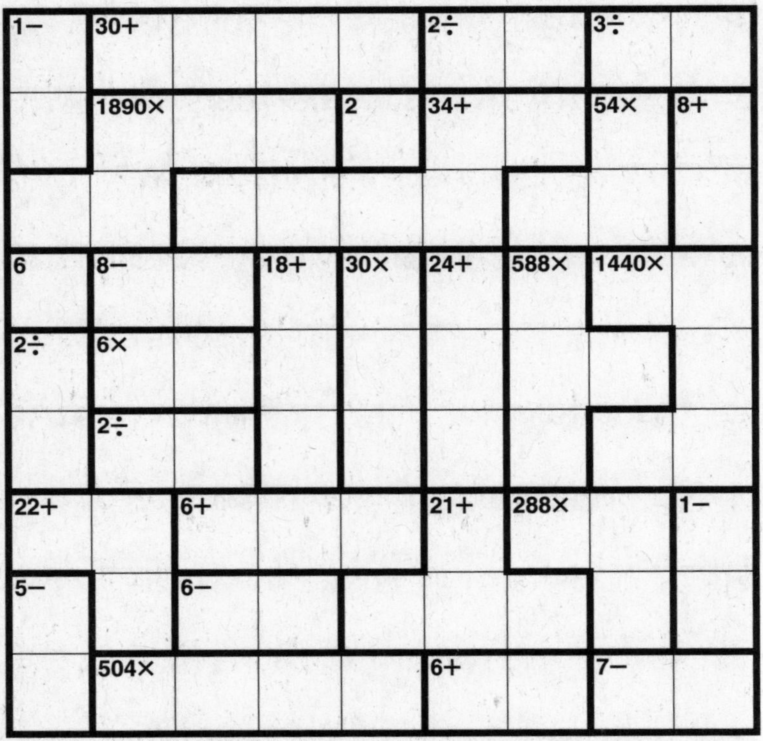

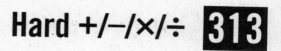

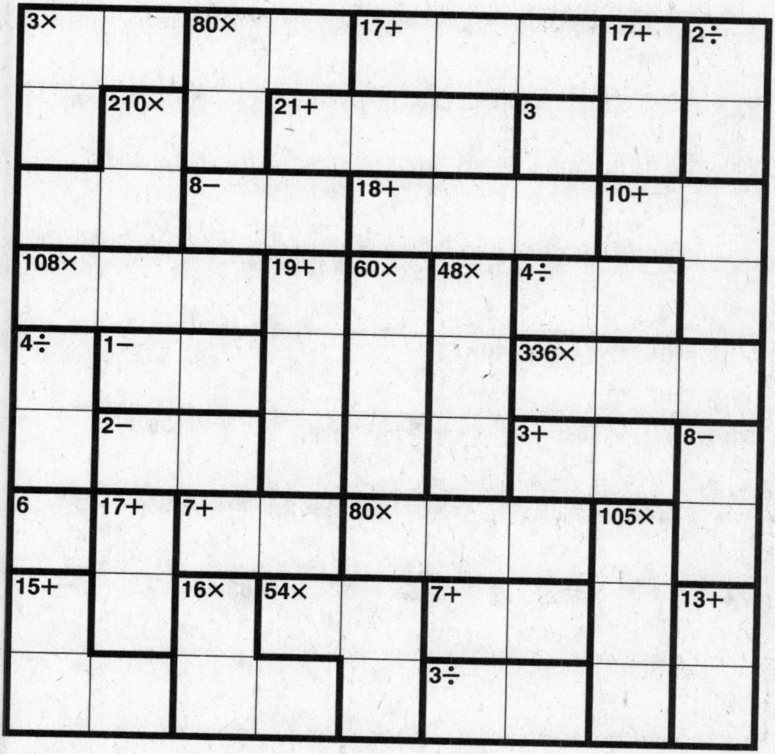

3×		80×		17+			17+	2÷
	210×		21+			3		
		8−		18+			10+	
108×			19+	60×	48×	4÷		
4÷	1−					336×		
	2−					3+		8−
6	17+	7+		80×			105×	
15+		16×	54×		7+			13+
				3÷				

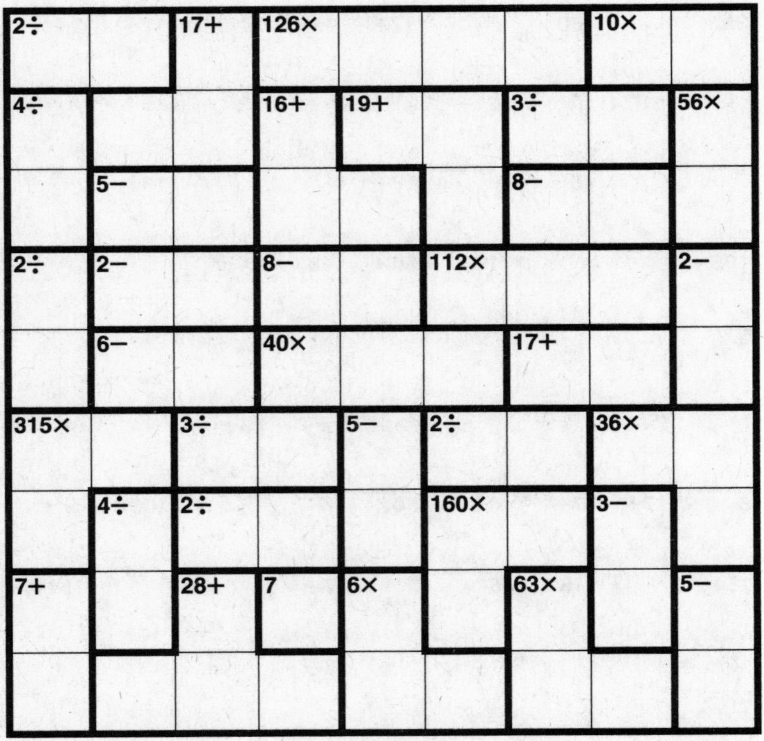

2÷		17+	126×				10×	
4÷			16+	19+		3÷		56×
	5−					8−		
2÷	2−		8−		112×			2−
	6−		40×			17+		
315×		3÷		5−	2÷		36×	
	4÷	2÷			160×		3−	
7+		28+	7	6×		63×		5−

Hard +/−/×/÷ 315

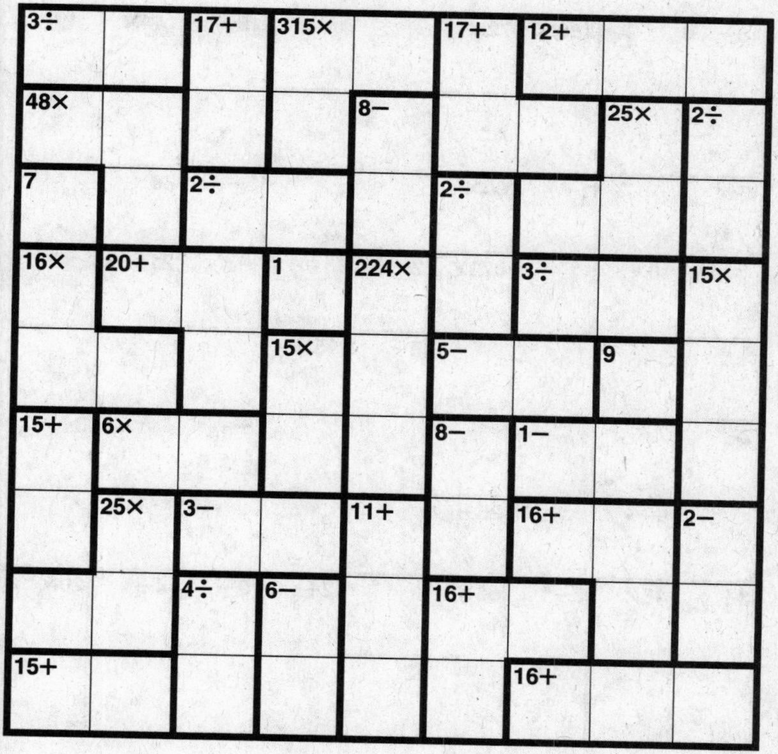

3÷		17+	315×		17+	12+		
48×				8−			25×	2÷
7		2÷			2÷			
16×	20+		1	224×		3÷		15×
		15×			5−		9	
15+	6×				8−	1−		
	25×	3−		11+		16+		2−
		4÷	6−		16+			
15+						16+		

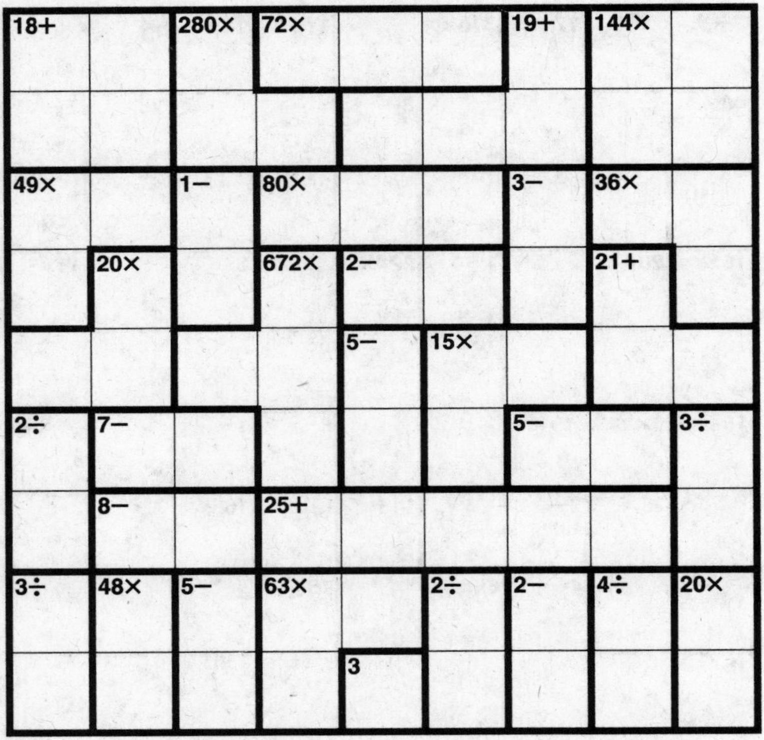

18+		280×	72×			19+	144×	
49×		1−	80×			3−	36×	
	20×		672×	2−			21+	
				5−	15×			
2÷	7−					5−		3÷
	8−		25+					
3÷	48×	5−	63×		2÷	2−	4÷	20×
				3				

Hard +/–/×/÷ 317

17+		11+			20+		5×	
140×		1−	17+					
	3+		2−		8−		1296×	
96×		3−		4÷		20+		42×
	5	3−		13+				
	20+	6+		1−			24+	
		1−	7+		3−			
			4÷		7	18+		12+
1−		17+						

318 Hard +/–/×/÷

8–		22+			2÷		392×	
3÷	6+				4–		16×	
	4÷	36×	11+		18+			
315×			63×	7+		19+	6–	
	1–						8	60×
	6–	140×			36×			
1–			17+				9+	
	20+			56×	6–			135×
2–					5–			

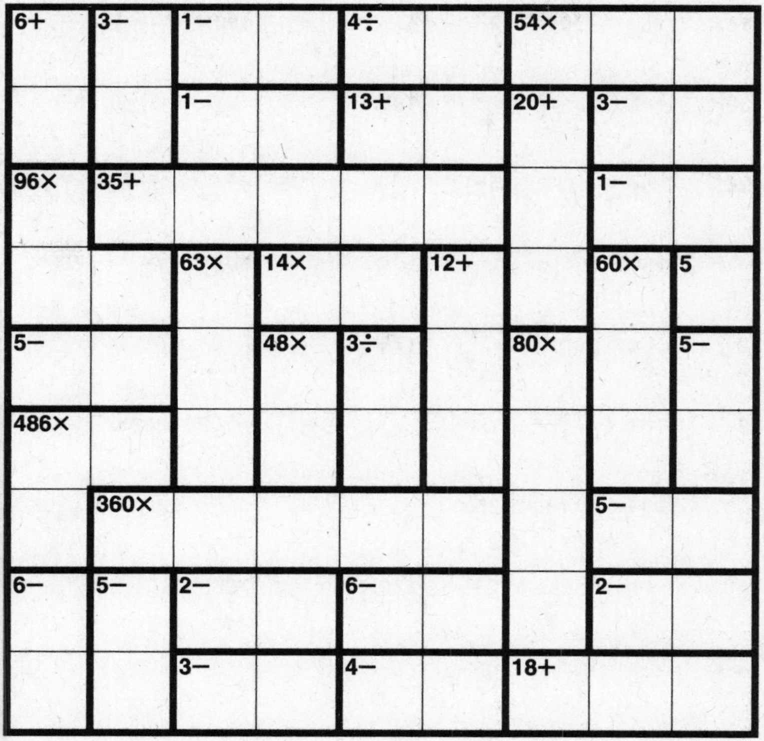

6+	3−	1−		4÷		54×		
		1−		13+		20+	3−	
96×	35+						1−	
		63×	14×		12+		60×	5
5−			48×	3÷		80×		5−
486×								
	360×						5−	
6−	5−	2−		6−			2−	
		3−		4−		18+		

320 Hard +/−/×/÷

14×		19+	2−	5−		180×		
30×				180×				3÷
2÷			5−			8−		
	1512×					80×	1−	756×
2−		30×		17+				
2−	10+				9+		288×	
	20+	11+	35×					
			2÷	120×		7056×		
4−								

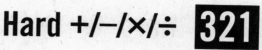

6−	8−		3÷		1−	25+		
	36×	10+	20×			2−		
			26+					
896×	25×		10+		13+		13+	54×
	3		1−		3−			
			6−		48×			
22+		2÷	54×	10+				15+
3−				8+	5−	10+		
	10+					8×		

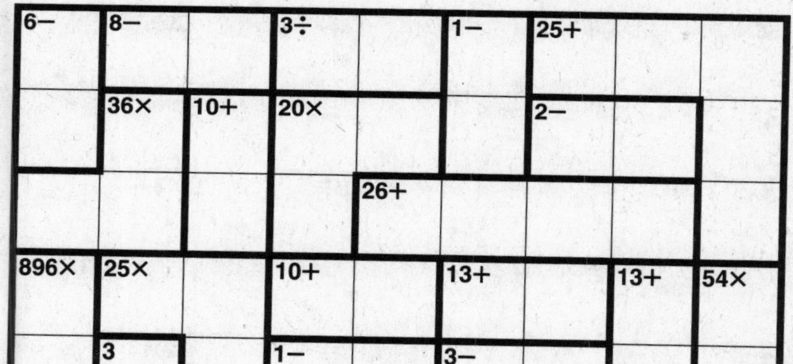

322 Hard +/–/×/÷

56×		16+			25×		3÷	
2÷		3+	56×			5–	5–	
8–	1–		2–		2÷		13+	
		25+	64×			45×		378×
3				15+	2–		2×	
19+					1–			
		2–	8–			12×	24×	
17+			30×		19+		4÷	
240×							4–	

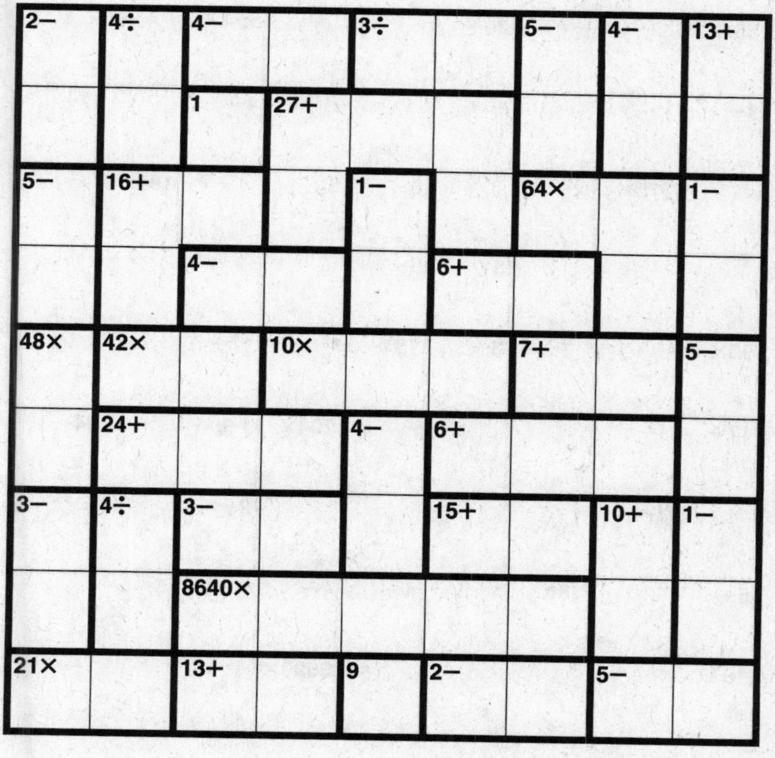

2−	4÷	4−		3÷		5−	4−	13+
		1	27+					
5−	16+			1−		64×		1−
		4−			6+			
48×	42×		10×			7+		5−
	24+			4−	6+			
3−	4÷	3−			15+		10+	1−
		8640×						
21×		13+		9	2−		5−	

324 Hard +/–/×/÷

56×			20+			12+		
1–	1–		14+			4÷		2÷
	315×	6–		9	6×		19+	
			5	5–				
90×			8–	16×		17+		
17+	1–				294×	1–		4–
	1–					2÷		
5–		28×		4–	4–		5–	
10+					2520×			

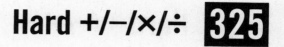

4÷	2÷	1−		150×	2÷	432×	23+	
		2−					270×	
1−	3÷	1−	10+					
					4−		12×	15+
17+			7	3−	5−			
3÷	3−	5−	3−		5−			
				13+		60×	32×	
3÷	1−	4−			8−			30×
		16+						

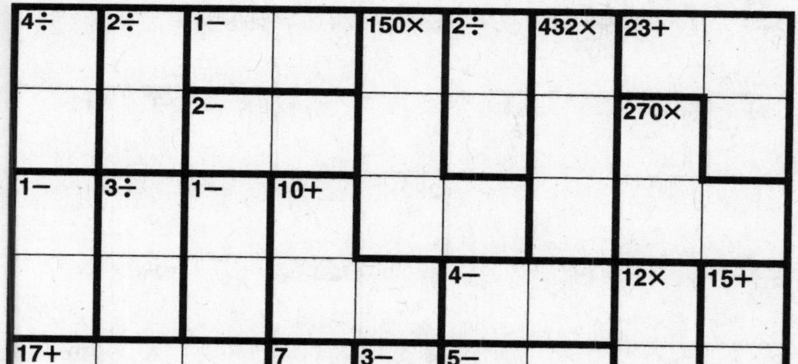

326 Hard +/−/×/÷

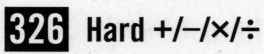

2−		5+		63×	7+	15+		
13+	504×		54×			8×	2÷	13+
				280×				
5−		17+			720×		1080×	
9×				4				70×
	1−		6×					
17+		16+	8+		189×		12+	
				6×	14+			
2÷		1−				378×		

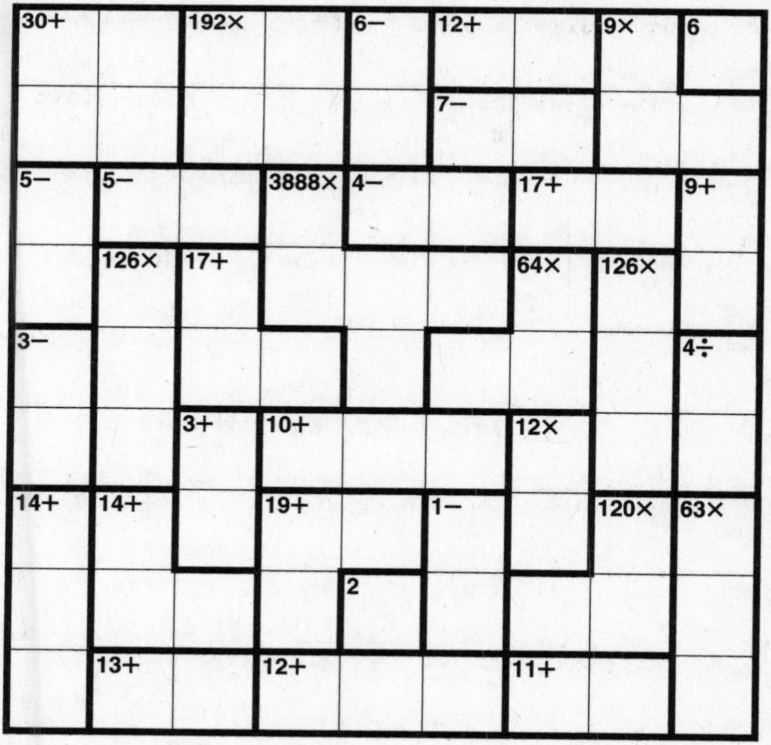

30+		192×		6−	12+		9×	6
					7−			
5−	5−		3888×	4−		17+		9+
	126×	17+				64×	126×	
3−								4÷
		3+	10+			12×		
14+	14+		19+		1−		120×	63×
				2				
	13+		12+			11+		

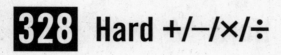

328 Hard +/−/×/÷

3÷	5−		13+		6−		1−	
	14×	3−	2÷		4−		10+	105×
3−			5+	13+		144×		
	480×			14×	108×		1008×	
3×			9					
2−			2−			14+		8
	1−	4−		7−			4÷	8−
1−			5−		3−			
	7−		4−		4−		1−	

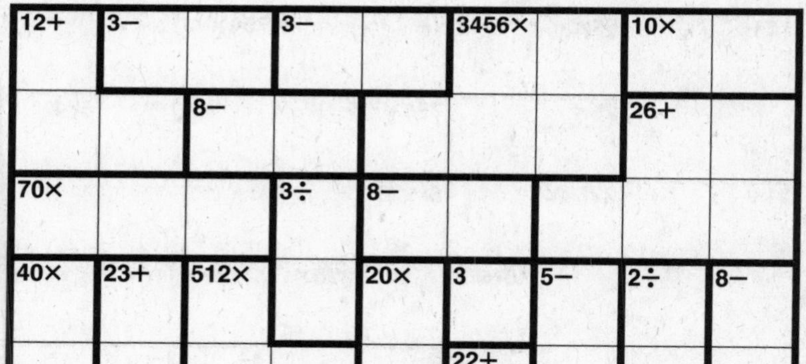

12+	3−		3−		3456×		10×	
		8−					26+	
70×			3÷	8−				
40×	23+	512×		20×	3	5−	2÷	8−
					22+			
			4−			378×		
13+						25×		2÷
13+		42×		1−		14+		
	5−		2÷				11+	

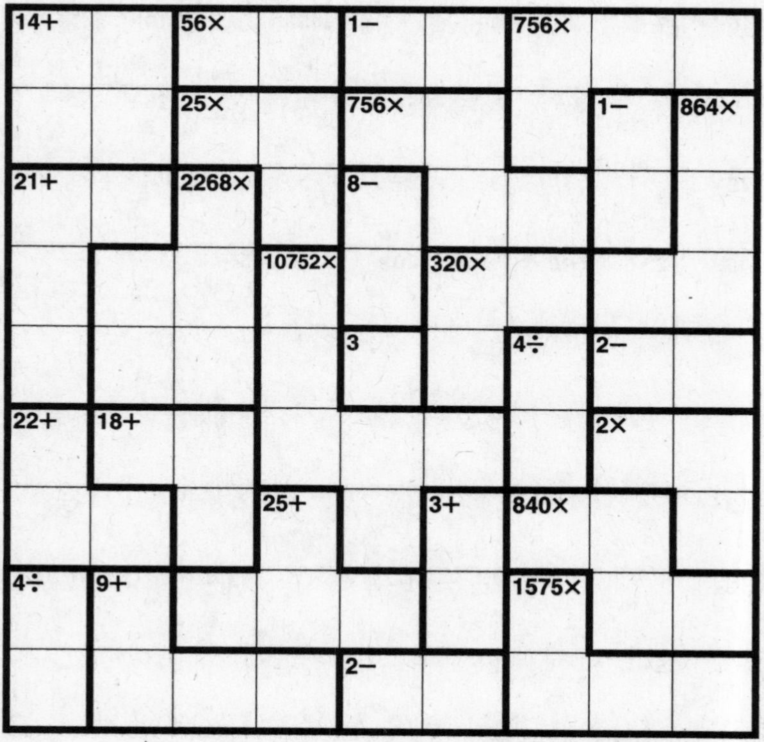

14+		56×		1−		756×		
		25×		756×			1−	864×
21+		2268×		8−				
			10752×		320×			
				3		4÷	2−	
22+	18+						2×	
			25+		3+	840×		
4÷	9+					1575×		
				2−				

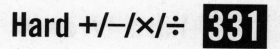

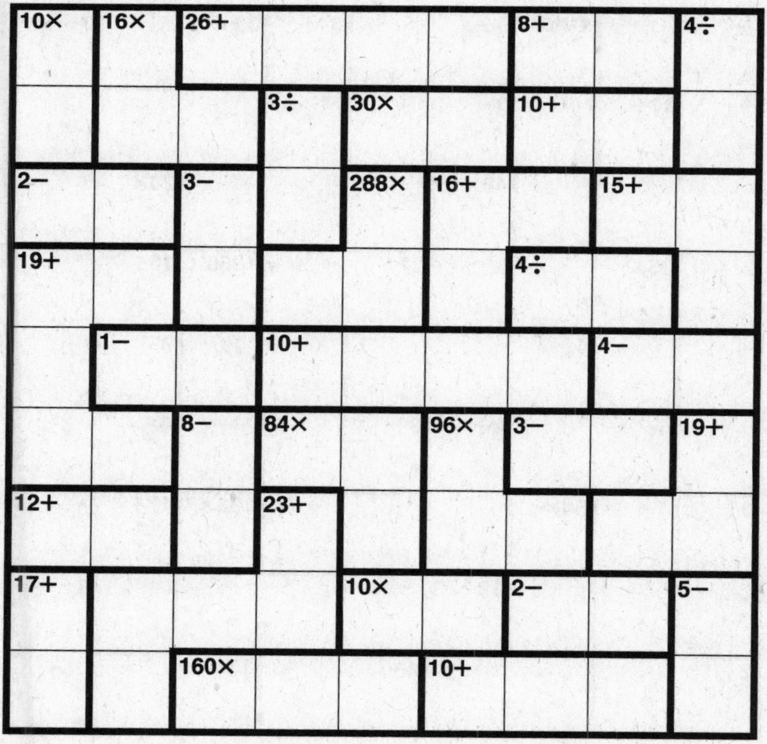

10×	16×	26+				8+		4÷
			3÷	30×		10+		
2−		3−		288×	16+		15+	
19+						4÷		
	1−		10+				4−	
		8−	84×		96×	3−		19+
12+			23+					
17+				10×		2−		5−
		160×			10+			

1−		112×	3÷		34+	3+		3−
5−	17+		2−					
		48×				20×		
224×	35×			21+		1080×	18+	
		4÷					9	
	6−		2÷	3+				
3÷	3−	54×		4÷		168×	17+	
			13+					1−
2÷				4−		13+		

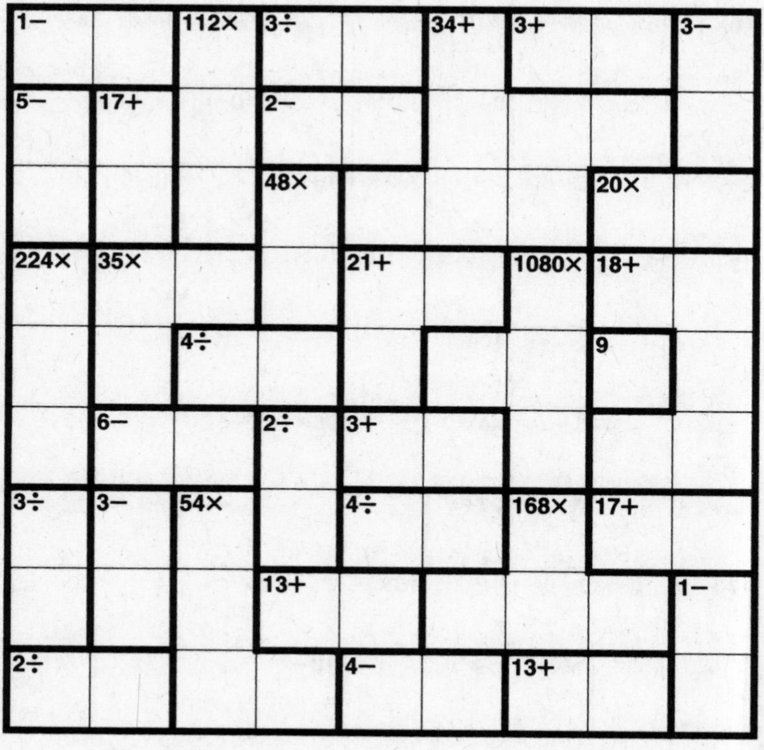

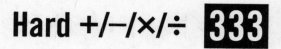

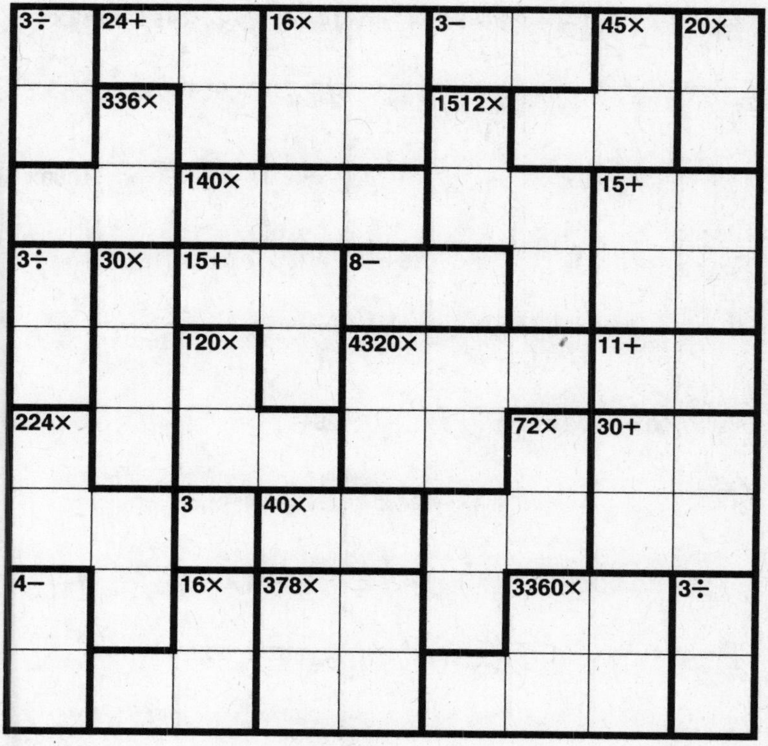

3÷	24+		16×		3−		45×	20×
	336×				1512×			
		140×					15+	
3÷	30×	15+		8−				
		120×		4320×			11+	
224×						72×	30+	
		3	40×					
4−		16×	378×			3360×		3÷

334 Hard +/−/×/÷

15+		1−	3÷		14+		15+	18×
2−	17+		2−	14+	240×			
		9×				5−		1680×
13+				16+				
	140×					2	3÷	
	90×	72×			25+			
21+			6−	36×		4−		
		72×				7×		7+
			2−		2÷			

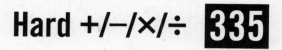

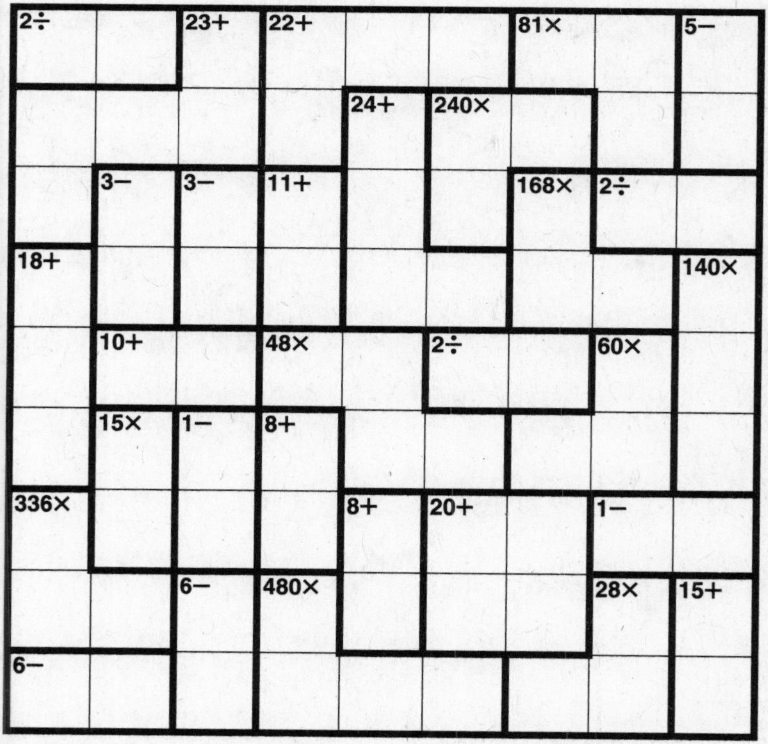

2÷		23+	22+			81×		5−
			24+	240×				
	3−	3−	11+			168×	2÷	
18+								140×
	10+		48×		2÷		60×	
	15×	1−	8+					
336×				8+	20+		1−	
		6−	480×				28×	15+
6−								

ANSWERS

1

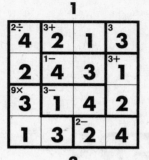

2÷ 4	3+ 2	1	3 3
2	1− 4	3	3+ 1
9× 3	3− 1	4	2
1	3	2− 2	4

2

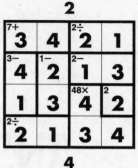

7+ 3	4	2÷ 2	1
3− 4	1− 2	2− 1	3
1	3	48× 4	2 2
2÷ 2	1	3	4

3

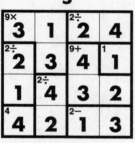

2− 3	4 4	3− 1	6× 2
1	2÷ 2	4	3
2 2	1	1− 3	3− 4
7+ 4	3	2	1

4

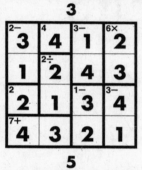

7+ 4	6× 2	3	1 1
3	3− 1	4	2− 2
4+ 1	3	6× 2	4
2÷ 2	4	1	3

5

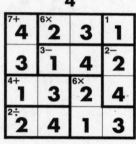

9× 3	1	2÷ 2	4
2÷ 2	3	9+ 4	1 1
1	2÷ 4	3	2
4 4	2	2− 1	3

6

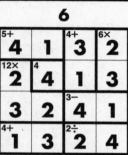

5+ 4	1	4+ 3	6× 2
12× 2	4 4	1	3
3	2	3− 4	1
4+ 1	3	2÷ 2	4

7

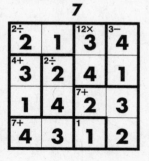

2÷ 2	1	12× 3	3− 4
4+ 3	2÷ 2	4	1
1	4	7+ 2	3
7+ 4	3	1 1	2

8

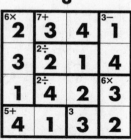

6× 2	7+ 3	4	3− 1
3	2÷ 2	1	4
1	2÷ 4	2	6× 3
5+ 4	1	3 3	2

9

1− 3	2÷ 2	1	3− 4
4	6× 3	2	1
5+ 1	4	7+ 3	6× 2
3+ 2	1	4	3

10

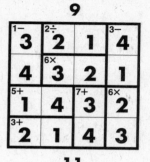

24× 4	2− 3	1	2÷ 2
3	3− 4	2 2	1
2	1	11+ 4	3
6+ 1	2	3	4

11

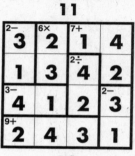

2− 3	6× 2	7+ 1	4
1	3	2÷ 4	2
3− 4	1	2	2− 3
9+ 2	4	3	1

12

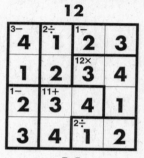

3− 4	2÷ 1	1− 2	3
1	2	12× 3	4
1− 2	11+ 3	4	1
3	4	2÷ 1	2

13

3 3	16× 4	1− 2	2÷ 1
4	1	3	2
5+ 2	3	5+ 1	1− 4
2÷ 1	2	4	3

14

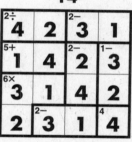

2÷ 4	2	2− 3	1
5+ 1	4	2− 2	1− 3
6× 3	1	4	2
2	2− 3	1	4 4

15

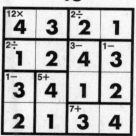

12× 4	3	2÷ 2	1
2÷ 1	2	3− 4	1− 3
1− 3	5+ 4	1	2
2	1	7+ 3	4

16

8× 1	4	2 2	7+ 3
2÷ 4	2	3	1
2	12× 3	1	4
2− 3	1	2÷ 4	2

17

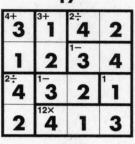

4+ 3	3+ 1	2÷ 4	2
1	2	1- 3	4
2÷ 4	1- 3	2	1 1
2	12× 4	1	3

18

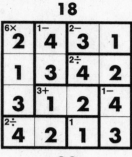

6× 2	1- 4	2- 3	1
1	3	2÷ 4	2
3	3+ 1	2	1- 4
2÷ 4	2	1 1	3

19

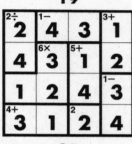

2÷ 2	1- 4	3	3+ 1
4	6× 3	5+ 1	2
1	2	4	1- 3
4+ 3	1	2 2	4

20

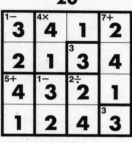

1- 3	4× 4	1	7+ 2
2	1	3 3	4
5+ 4	1- 3	2÷ 2	1
1	2	4	3 3

21

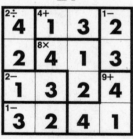

2÷ 4	4+ 1	3	1- 2
2	8× 4	1	3
2- 1	3	2	9+ 4
1- 3	2	4	1

22

1- 3	2	12× 4	1 1
1- 4	3	1	2÷ 2
2÷ 2	5+ 1	3	4
1	4	1- 2	3

23

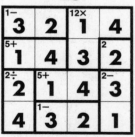

1- 3	2	12× 1	4
5+ 1	4	3	2 2
2÷ 2	5+ 1	4	2- 3
4	1- 3	2	1

24

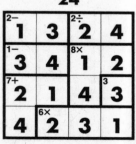

2- 1	3	2÷ 2	4
1- 3	4	8× 1	2
7+ 2	1	4	3 3
4	6× 2	3	1

25

2÷ 2	2− 3	1	4 4
4	2÷ 2	8+ 3	1
12× 3	1	4	1− 2
1	4	2 2	3

26

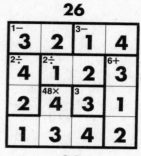

1− 3	2	3− 1	4
2÷ 4	2÷ 1	2	6+ 3
2	48× 4	3 3	1
1	3	4	2

27

8× 1	4	2	4+ 3
1− 4	6× 2	3	1
3	1	5+ 4	2÷ 2
1− 2	3	1	4

28

1− 3	8× 1	2	4
4	1− 2	2− 3	1
2÷ 1	3	5+ 4	6× 2
2	4 4	1	3

29

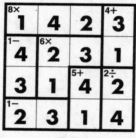

3− 4	1	1− 3	2
4+ 3	2÷ 2	1	1− 4
1	2− 4	2	3
2 2	12× 3	4	1

30

5+ 1	4	1− 3	2÷ 2
2÷ 4	2− 3	2	1
2	1	12× 4	3
1− 3	2	3− 1	4

31

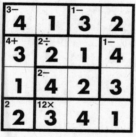

2÷ 2	1	12× 4	3
3− 1	1− 4	3	2÷ 2
4	5+ 3	2	1
1− 3	2	3− 1	4

32

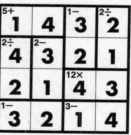

3− 4	6× 1	3	2
1	2÷ 2	1− 4	3
8+ 3	4	2÷ 2	3− 1
2	3	1	4

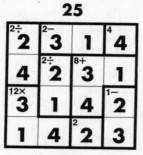

33

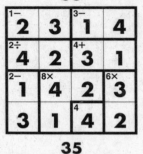

1−2	3	3−1	4
2÷4	2	4+3	1
2−1	8×4	2	6×3
3	1	4·4	2

34

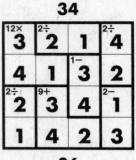

12×3	2÷2	1	2÷4
4	1	1−3	2
2÷2	9+3	4	2−1
1	4	2	3

35

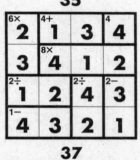

6×2	4+1	3	4·4
3	8×4	1	2
2÷1	2	2÷4	2−3
1−4	3	2	1

36

1−3	2	5+1	4
2÷1	4·4	2÷2	2−3
2	12×3	4	1
4	1	1−3	2

37

8×1	4	6+2	3·3
2÷4	2	3	1
2	8+3	1	2−4
2−3	1	4	2

38

8+3	8×4	1	2
2	1	1−4	2−3
12×4	2	3	1
1	3	2÷2	4

39

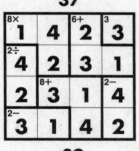

3·3	3−1	2−2	4
8×2	4	2−1	3
1	7+3	4	2÷2
4	1−2	3	1

40

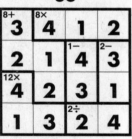

2÷2	4	8×1	2−3
1−4	3	2	1
6+3	1	4	9+2
1·1	2	3	4

41

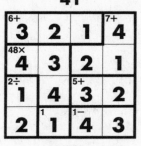

6+ 3	2	1	**7+** 4
48× 4	3	2	1
2÷ 1	4	**5+** 3	2
2	**1** 1	**1−** 4	3

42

1− 3	4	**2÷** 2	1
2− 4	2	**12×** 1	3
2÷ 2	**7+** 1	3	4
1	3	**2÷** 4	2

43

1− 4	**3** 3	**3−** 1	**2÷** 2
3	**2−** 2	4	1
2× 1	4	**1−** 2	3
2	1	**7+** 3	4

44

1− 4	**1−** 3	**1** 1	**1−** 2
3	2	**12×** 4	1
2÷ 2	**5+** 1	3	**9+** 4
1	4	2	3

45

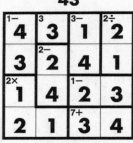

2− 1	3	**11+** 4	2
12× 4	**2÷** 1	2	3
3	2	**4×** 1	4
24× 2	4	3	1

46

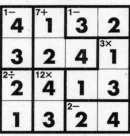

1− 4	**7+** 1	**1−** 3	2
3	2	4	**3×** 1
2÷ 2	**12×** 4	1	3
1	3	**2−** 2	4

47

6× 1	2	3	**4** 4
1− 2	**9+** 1	4	**2−** 3
3	4	**2** 2	1
12× 4	3	**2÷** 1	2

48

12× 1	4	**5+** 3	**2÷** 2
3	**2−** 1	2	4
8+ 2	3	**3−** 4	**2−** 1
4	2	1	3

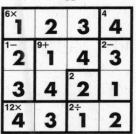

49

96× 3	4	2÷ 2	1
4	2	10+ 1	3
6× 2	1	3	4
1	1− 3	4	2

50

1 1	1− 4	3	8× 2
5+ 2	3	4	1
1− 3	2÷ 1	2÷ 2	4
4	2	2− 1	3

51

16× 1	4	6+ 2	3
4	1− 2	3	1
3 3	6+ 1	3− 4	2÷ 2
2	3	1	4

52

2÷ 2	4 4	4+ 1	3
1	1− 3	4	2÷ 2
12× 4	1− 2	3	1
3	7+ 1	2	4

53

2÷ 1	2	1− 3	4
24× 2	3	4	1 1
1− 4	7+ 1	2	6× 3
3	4	1	2

54

2− 2	1− 4	2− 3	1
4	3	24× 1	2÷ 2
4+ 3	1	2	4
2÷ 1	2	4	3

55

12× 3	1	2÷ 2	4
4	8+ 3	1	6+ 2
5+ 1	2	4	3
2	1− 4	3	1

56

3 3	2÷ 1	5+ 4	1− 2
32× 4	2	1	3
2	4	2− 3	1
1	9+ 3	2	4

57

2÷ 2	4	**4−** 1	5	**9×** 3
9+ 4	**10×** 5	**9+** 2	3	1
5	2	3	**5+** 1	4
4+ 1	**3** 3	4	**2−** 2	**7+** 5
3	**4−** 1	5	4	2

58

1− 3	**2÷** 2	**3−** 1	4	**10×** 5
4	1	**6×** 3	**6+** 5	2
4− 5	**12×** 4	2	1	**3** 3
1	3	**11+** 5	2	4
2 2	**9+** 5	4	**4+** 3	1

59

2 2	**9+** 4	5	**2÷** 1	**12×** 3
4− 1	5	**4+** 3	2	4
6× 3	2	1	**40×** 4	5
9+ 5	1	**24×** 4	**3** 3	2
4	3	2	**4−** 5	1

60

24× 4	3	2	**4−** 1	5
3 3	**5×** 5	1	**9+** 4	**1−** 2
2÷ 2	1	**40×** 4	5	3
1	2	5	**3** 3	**8×** 4
20× 5	4	**3** 3	2	1

61

4− 1	5	**2÷** 4	2	**1−** 3
2 2	**15×** 3	5	1	4
7+ 4	2	1	**3** 3	**7+** 5
8+ 5	**1** 1	**12×** 3	4	2
3	**2÷** 4	2	**4−** 5	1

62

1− 3	4	**4−** 1	**3−** 5	2
3+ 1	**2−** 3	5	**2÷** 2	4
2	5	**1−** 3	**4** 4	**3×** 1
20× 5	**2÷** 2	4	1	3
4	1	**2** 2	**15×** 3	5

63

15× 3	**2×** 2	1	**24×** 4	**5** 5
5	1	2	3	**1−** 4
1	**13+** 5	**4** 4	**3+** 2	3
4 4	3	5	1	**2÷** 2
2÷ 2	4	**2−** 3	5	1

64

8× 4	1	**4−** 5	**1−** 2	3
2	**2−** 4	1	**7+** 3	**4−** 5
4− 5	2	**7+** 3	4	1
1	**45×** 3	4	**6+** 5	**2÷** 2
3	5	**2** 2	1	4

65

(3) 3	(4−) 1	5	(3−) 2	(2÷) 4
(4−) 1	(24×) 4	3	5	2
5	(1−) 3	2	(4) 4	(4−) 1
(2÷) 4	2	(10+) 1	(9×) 3	5
2	5	4	1	3

66

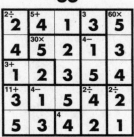

(2÷) 2	(5+) 4	1	(3) 3	(60×) 5
4	(30×) 5	2	(4−) 1	3
(3+) 1	2	3	5	4
(11+) 3	(4−) 1	5	(2÷) 4	(2÷) 2
5	3	(4) 4	2	1

67

(2−) 1	3	(4−) 5	(120×) 4	2
(3−) 2	(4) 4	1	3	5
5	(2÷) 2	4	(5+) 1	3
(12+) 4	5	(1−) 3	2	1
3	(1−) 1	2	(20×) 5	4

68

(2−) 1	3	(4) 4	(3−) 5	2
(1−) 3	(2÷) 2	(100×) 5	4	1
2	4	(7+) 1	3	5
(20×) 5	1	3	(2÷) 2	4
4	(8+) 5	2	1	(3) 3

69

(2÷) 4	(1−) 2	3	(4−) 1	5
2	(15×) 3	(9+) 4	5	(3+) 1
(2−) 3	1	(7+) 5	(12×) 4	2
1	5	2	3	(1−) 4
(10+) 5	4	1	(2) 2	3

70

(12×) 3	1	(8+) 5	(2−) 2	4
(2÷) 2	4	3	(60×) 5	1
1	(30×) 2	4	3	(2−) 5
(20×) 4	5	(2÷) 2	1	3
5	3	(3−) 1	4	(2) 2

71

(20×) 5	2	(7+) 3	4	(10+) 1
2	(1−) 3	(4−) 1	5	4
(8+) 3	4	(2−) 2	(2÷) 1	5
1	(4−) 5	4	2	(90×) 3
4	1	5	3	2

72

(6×) 3	1	(2−) 4	2	(80×) 5
2	(2−) 5	3	4	1
(4−) 5	(7+) 3	(30×) 2	(1) 1	4
1	4	5	3	(1−) 2
(2÷) 4	2	(4−) 1	5	3

73

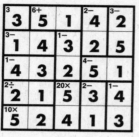

(3) 3	(6+) 5	1	(2−) 4	(3−) 2
(3−) 1	4	(1−) 3	2	5
(1−) 4	3	2	(4−) 5	1
(2÷) 2	1	(20×) 5	(2−) 3	(1−) 4
(10×) 5	2	4	1	3

74

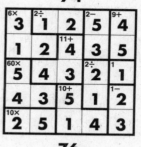

(6×) 3	(2÷) 1	2	(2−) 5	(9+) 4
1	2	(11+) 4	3	5
(60×) 5	4	3	(2÷) 2	(1) 1
4	3	(10+) 5	1	(1−) 2
(10×) 2	5	1	4	3

75

(15×) 1	5	(1−) 3	(2÷) 2	4
3	1	4	(8+) 5	(3−) 2
(2÷) 4	(1−) 2	1	3	5
2	(2−) 3	5	(7+) 4	(2−) 1
(9+) 5	4	2	1	3

76

(4−) 1	5	(2÷) 4	2	(1−) 3
(1−) 3	4	(2−) 5	(1) 1	2
(6×) 2	1	3	(1−) 4	(4−) 5
(1−) 4	3	(2) 2	5	1
5	(2÷) 2	1	(7+) 3	4

77

(15×) 1	(3) 3	(2÷) 4	2	(10+) 5
3	5	(2÷) 1	(1−) 4	2
(40×) 4	1	2	5	3
2	(1−) 4	5	(2−) 3	(3−) 1
5	(5+) 2	3	1	4

78

(3−) 5	(1−) 2	(1−) 4	(3×) 1	3
2	3	5	(2÷) 4	1
(2−) 3	5	(2−) 1	2	(2÷) 4
(6+) 1	4	3	(15+) 5	2
(4) 4	1	2	3	5

79

(3−) 1	(2−) 3	(2÷) 4	2	(10×) 5
4	5	(2−) 3	1	2
(2÷) 2	1	(2−) 5	3	(3−) 4
(7+) 3	4	(8+) 2	5	1
(3−) 5	2	1	(1−) 4	3

80

(2−) 5	(3−) 4	1	(1−) 3	2
3	(20×) 5	4	(6+) 2	(6+) 1
(3−) 4	(1−) 2	3	1	5
1	3	(3−) 2	(20×) 5	(1−) 4
(2÷) 2	1	5	4	3

81

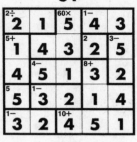

2÷ 2	1	60× 5	1− 4	3
5+ 1	4	3	2⁻ 2	3− 5
4	4⁻ 5	1	8+ 3	2
5 5	1⁻ 3	2	1	4
1⁻ 3	2	10+ 4	5	1

82

10× 5	2	2÷ 4	2− 1	3
1− 3	4	2	2⁻ 5	2÷ 1
3− 4	9+ 5	1	3	2
1	3	2− 5	2÷ 2	20× 4
1− 2	1	3	4	5

83

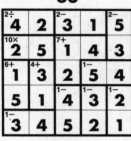

2÷ 4	2	2− 3	1	2− 5
10× 2	5	7+ 1	4	3
6+ 1	4+ 3	2	1− 5	4
5	1	1− 4	1− 3	1− 2
1− 3	4	5	2	1

84

2 2	12+ 3	1	5	1− 4
1− 4	8× 1	3	2 2	5
5	4	2	6+ 3	1
2− 3	5	1− 4	8+ 1	2
2÷ 1	2	5	4	3

85

24× 1	3	2	4	10+ 5
2− 5	8+ 1	4 4	2	3
3	2	5	12+ 1	7+ 4
2÷ 2	20× 4	3	5	1
4	5	1	3	2

86

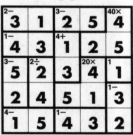

2− 3	1	3− 2	5	40× 4
1− 4	3	4+ 1	2	5
3− 5	2÷ 2	3	20× 4	1 1
2	4	5	1	1− 3
4− 1	5	1− 4	3	2

87

3 3	9+ 4	5	40× 2	1
4− 5	12+ 3	2÷ 2	1	4
1	2	3	4	5
2÷ 4	4− 5	3− 1	18× 3	2
2	1	4	5 5	3

88

75× 5	3+ 2	1	3 3	16× 4
3	5	3− 2	4	1
1− 4	3	5	2÷ 1	2
2÷ 2	8+ 1	11+ 4	5	15× 3
1	4	3	2	5

89

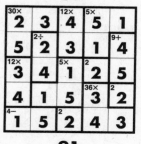

30× 2	3	12× 4	5× 5	1
5	2÷ 2	3	1	9+ 4
12× 3	4	5× 1	2 2	5
4	1	5	36× 3	2 2
4– 1	5	2 2	4	3

90

5 5	2÷ 2	4	3× 1	1– 3
9+ 2	14+ 5	1	3	4
3	4	5	2÷ 2	1
4	1 1	60× 3	5	10× 2
6+ 1	3	2	4	5

91

1 1	2÷ 2	4	15× 3	5
1– 4	10+ 5	3	2	2÷ 1
3	9+ 4	5	20× 1	2
3– 5	3× 1	2 2	4	12× 3
2	3	1	5	4

92

5+ 1	4	2– 3	3– 2	5
8× 4	2	5	13+ 1	3
3 3	1	2÷ 2	5	4
3– 5	8+ 3	1	1– 4	2÷ 2
2	5	4 4	3	1

93

2÷ 2	4	11+ 5	24× 3	1
8+ 3	5	1	4	2
1	2– 3	2÷ 4	2	5 5
4	1	1– 2	60× 5	3
3– 5	2	3	1	4

94

9+ 3	1	160× 2	4	5
5	60× 3	2× 1	2	4
3+ 2	5	1– 4	1	3 3
1	4	3	16+ 5	2
2÷ 4	2	5	3	1

95

5 5	20× 2	1– 4	3	2– 1
2	5	17+ 1	4	3
1	7+ 4	3	5	2 2
11+ 3	1	5	2	1– 4
4	3	2÷ 2	1	5

96

15+ 5	5+ 3	8× 4	2	1
3	2	5 5	4+ 1	2÷ 4
4	4– 5	4+ 1	3	2
2	1	3	20× 4	5
1	4 4	10+ 2	5	3

97

2÷ 4	**4−** 1	5	**1−** 3	2
2	**11+** 4	**8+** 1	**2−** 5	3
15× 3	5	4	**2** 2	**6+** 1
5	2	3	1	4
1	**1−** 3	2	**20×** 4	5

98

2÷ 2	**1−** 4	3	**6+** 5	**2−** 1
4	**6×** 2	**4−** 5	1	3
2− 5	3	1	**2÷** 4	**7+** 2
3	1	**2÷** 4	2	5
6+ 1	5	2	**7+** 3	4

99

12× 4	3	**60×** 5	**2÷** 2	1
1	**8+** 5	3	4	**9+** 2
5 5	2	**5+** 4	1	3
24× 3	1	**8+** 2	5	4
2	4	1	**2−** 3	5

100

1− 4	**10×** 5	2	**5+** 1	**14+** 3
5	**2÷** 1	**36×** 3	4	2
2÷ 1	2	4	**30×** 3	5
2	3	1	5	4
12+ 3	4	5	2	**1** 1

101

1− 4	**2÷** 2	**2−** 3	**4−** 5	**1** 1
3	4	5	1	**2÷** 2
10× 5	**10+** 3	1	2	4
2	**4−** 1	4	**9+** 3	**2−** 5
1	5	2	4	3

102

4− 1	5	**1−** 3	**2÷** 2	4
1− 4	3	2	**11+** 1	**30×** 5
8+ 5	2	1	4	3
3 3	1	**1−** 4	5	2
2÷ 2	4	5	**2−** 3	1

103

10+ 5	**8×** 4	1	2	**17+** 3
2	**11+** 3	5	1	4
1	2	3	4	5
1− 4	**6+** 5	**10+** 2	3	**2÷** 1
3	1	**4** 4	5	2

104

4− 1	**12+** 5	3	4	**2−** 2
5	**12×** 1	**6×** 2	3	4
3 3	4	**20×** 1	**3−** 2	5
2÷ 2	3	4	5	**4+** 1
4	**10×** 2	5	1	3

105

3+ 1	2	1− 4	3	15× 5
5 5	2÷ 1	2	11+ 4	3
1− 2	1− 4	3	5	1
3	4− 5	1	2	2÷ 4
1− 4	3	4− 5	1	2

106

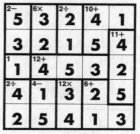

2− 5	6× 3	2÷ 2	10+ 4	1
3	2	1	5	11+ 4
1 1	12+ 4	5	3	2
2÷ 4	4− 1	12× 3	6+ 2	5
2	5	4	1	3

107

12+ 4	6+ 5	2÷ 1	2	1− 3
5	1	3 3	12× 4	2
3	11+ 4	2	1	5 5
2÷ 1	1− 2	5	3	5+ 4
2	3	20× 4	5	1

108

15× 3	5	1	2 2	2÷ 4
9+ 5	6+ 1	1− 3	4	2
4	3	2	4− 1	5
4× 1	2	12+ 4	5	2− 3
2	1− 4	5	3	1

109

240× 5	4	6+ 1	3	7+ 2
4	1	3	2	5
2− 3	5	2÷ 2	4	1 1
6× 1	2÷ 2	4	11+ 5	1− 3
2	3	5	1	4

110

30× 1	5	2÷ 4	1− 3	2
3	13+ 1	2	1− 5	4
2	4	5	10× 1	3 3
11+ 4	3	2− 1	2	5
5	2	3	3− 4	1

111

2÷ 1	6× 2	3	15× 5	1− 4
2	1 1	11+ 4	3	5
60× 4	5	2	1	6× 3
5	2− 3	1	2÷ 4	2
3	1− 4	5	2	1

112

3÷ 1	1− 2	3	4 4	180× 6	5
3	12× 4	2÷ 2	1	3− 5	6
10× 5	3	5− 1	11+ 6	2	1− 4
2	5− 1	6	5	7+ 4	3
10+ 4	6	3− 5	2	3	4+ 1
6	60× 5	4	3	1	2

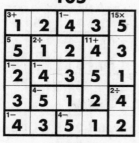

113

2÷ 6	3	8× 4	4− 5	1	3− 2
7+ 4	1	2	2÷ 3	6	5
3	2÷ 4	3÷ 6	2	20× 5	5− 1
4− 5	2	3÷ 3	1	4	6
1	11+ 6	5	2÷ 4	2	1− 3
3− 2	5	5− 1	6	3 3	4

114

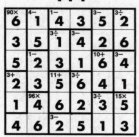

90× 6	4− 1	1− 4	3	3− 5	3÷ 2
3	5	3÷ 1	3− 4	2	6
5	1− 2	3	1	10+ 6	3− 4
3+ 2	3	11+ 5	3÷ 6	4	1
1	96× 4	6	2	3÷ 3	15× 5
4	6	3− 2	5	1	3

115

2÷ 6	3	4− 5	1	32× 4	2
2− 2	3− 5	5− 6	3÷ 3	1	4
4	2	1	14+ 5	3	5− 6
2− 5	3− 4	7+ 3	2 2	6	1
3	1	4	3÷ 6	2	75× 5
5− 1	6	2÷ 2	4	5	3

116

5− 1	6	96× 2	4	3	30× 5
11+ 5	8+ 3	3+ 1	2	4	6
6	1	3 3	3− 5	2	7+ 4
5+ 2	4	720× 6	4− 1	5	3
3	5	4	6	5− 1	2÷ 2
2÷ 4	2	2− 5	3	6	1

117

60× 5	6× 3	2÷ 2	4	5− 6	1 1
3	2	11+ 5	6	1	2÷ 4
4	7+ 1	6	15× 5	3	2
17+ 6	5	3− 4	3÷ 1	9+ 2	3
7+ 2	6	1	3	4	16+ 5
1	4	5+ 3	2	5	6

118

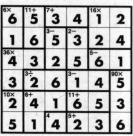

6× 6	11+ 5	7+ 3	4	16× 1	2
1	6	3− 5	2− 3	2	4
36× 4	3	2	5	5− 6	1
3	3÷ 2	6	3− 1	4	90× 5
10× 2	6+ 4	1	11+ 6	5	3
5	1	4 4	5+ 2	3	6

119

24× 6	60× 1	5	2÷ 4	2	3 3
4	2	6	2÷ 3	9+ 5	2÷ 1
3÷ 3	11+ 5	3+ 1	6	4	2
1	6	2	7+ 5	3÷ 3	120× 4
3− 5	36× 4	3	2	1	6
2	3	4 4	5− 1	6	5

120

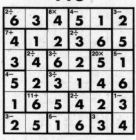

4− 5	1	3÷ 2	6	216× 3	4 4
5− 1	12+ 2	5	4	6	3
6	5	54× 3	3− 2	5+ 4	1
7+ 4	3	6	5	2÷ 1	2
3	2− 6	4	10× 1	2	30× 5
2÷ 2	4	3÷ 1	3	5	6

121

3÷ 6	2	5− 1	3÷ 3	100× 4	5
2÷ 2	4	6	1	5	1− 3
8+ 5	11+ 6	6× 3	2	5− 1	4
3	5	2− 2	4	6	3+ 1
3− 4	1	600× 5	6	36× 3	2
2− 1	3	4	5	2	6

122

3− 4	1	2− 3	2− 6	3− 2	5
12× 2	3	5	4	18× 6	1
90× 5	2	3− 4	3+ 1	3	15+ 6
3	6	1	2	5	4
5− 1	1− 5	2÷ 6	3	3− 4	5+ 2
6	4	7+ 2	5	1	3

123

1− 3	5− 6	2÷ 2	4	6+ 1	5
2	1	180× 5	6	1− 4	3÷ 3
1− 5	12× 4	6	10× 2	3	1
6	3	8+ 1	5	4− 2	2÷ 4
12+ 1	5	4	3	6	2
4	2	4+ 3	1	1− 5	6

124

72× 6	5+ 3	1− 4	2÷ 2	4− 1	5
3	2	5	4	3÷ 6	7+ 1
4	15× 5	3	1	2	6
8+ 5	2÷ 1	2	13+ 6	4	1− 3
1	2− 4	5− 6	2− 5	3	2
2	6	1	3	20× 5	4

125

36× 2	6	3+ 1	12× 3	4	4− 5
11+ 6	3	2	1− 4	5	1
5	12× 2	6	1	12× 3	4
1− 4	10+ 5	3	2	7+ 1	6
3	4× 1	1− 4	11+ 5	6	1− 2
1	4	5	3÷ 6	2	3

126

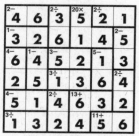

2− 4	6	2÷ 3	20× 5	2÷ 2	1
1− 3	2	6	1	4	2− 5
4− 6	1− 4	3− 5	2	5− 1	3
2	5	3÷ 1	3	6	2÷ 4
4− 5	1	2÷ 4	13+ 6	3	2
3÷ 1	3	2	4	11+ 5	6

127

1− 2	3	3− 1	11+ 6	60× 4	5
7+ 6	1	4	5	3	1− 2
7+ 4	3÷ 2	4− 5	1	11+ 6	3
3	6	2÷ 2	4	5	5+ 1
6+ 1	5	3− 6	1− 3	9+ 2	4
1− 5	4	3	2	1	6

128

16+ 2	5	4	5− 6	1	36× 3
5	2÷ 2	1− 6	3	4	1
5− 6	4	5	5+ 1	1− 3	3− 2
1	5− 6	1− 3	4	2	5
11+ 3	1	2	720× 5	6	4
4	3	1	10× 2	5	6

129

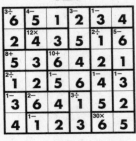

3÷ 6	4− 5	1	3− 2	1− 3	4
2	12× 4	3	5	2÷ 1	5− 6
8+ 5	3	10+ 6	4	2	1
2÷ 1	2	1− 5	6	1− 4	1− 3
1− 3	2− 6	4	3÷ 1	5	2
4	1− 1	2	3	30× 6	5

130

100× 4	5	10+ 6	1	3	5+ 2
5	24× 4	3÷ 2	6	8+ 1	3
6	1	1− 3	4	2	5
6× 2	11+ 6	5	1− 3	4	11+ 1
1	9+ 3	4	60× 2	5	6
3	2	6+ 1	5	6	4

131

6+ 5	1	3− 4	2− 3	144× 2	6
2÷ 6	3÷ 2	1	5	4	3
3	6	3+ 2	1	1− 5	4
24× 4	20× 5	5+ 3	2	5− 6	1
1	4	1− 5	11+ 6	10+ 3	2
2	3	6	4	1	5

132

2÷ 1	180× 3	6	2	5	1− 4
2	6+ 1	3	72× 4	6	5
1− 5	2	13+ 4	13+ 6	3	1
6	4	5	3	1	2
2− 4	6	2÷ 1	6+ 5	1− 2	3
15× 3	5	2	1	10+ 4	6

133

20× 4	5	5− 6	1	10+ 3	2
3− 5	1− 4	12+ 2	3	6	1
2	3	4− 5	10+ 6	1	4
2÷ 3	5− 6	1	4	13+ 2	2− 5
6	1	4	2	5	3
2÷ 1	2	8+ 3	5	2− 4	6

134

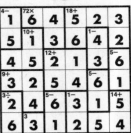

4− 1	72× 6	4	18+ 5	2	3
5	10+ 1	3	6	1− 4	2
4	5	12+ 2	1	3	5− 6
9+ 3	2	5	4	5− 6	1
3÷ 2	4	5− 6	1− 3	1	14+ 5
6	3 3	1	2	5	4

135

10× 1	5	14+ 3	1− 2	14+ 4	6
2	6	5	3	1 1	4
72× 3	4	16× 2	17+ 6	5	1
6	2	4	3÷ 1	3	5
20× 4	10+ 3	4− 1	5	12+ 6	1− 2
5	1	6	4	2	3

136

90× 5	6	3− 1	4	12× 3	2
8× 1	3	2− 4	4− 5	2	14+ 6
2	4	6	1	5	3
6+ 3	1	2	23+ 6	4	5
2− 4	2− 5	3	2	6	3− 1
6	10× 2	5	3÷ 3	1	4

137

60× 3	4	5	3+ 2	1	48× 6
90× 6	3	1	1− 5	4	2
1 1	5	3− 6	3	7+ 2	4
120× 2	6	48× 3	4	5	9+ 1
5	2	4	5− 1	6	3
7+ 4	1	2	2÷ 6	3	5

138

3÷ 1	10× 2	5	2− 6	1− 4	2÷ 3
3	6+ 1	2	4	5	6
1− 4	3	6+ 1	5	3÷ 6	1− 2
5	14+ 6	1− 4	3	2	1
4− 6	5	3	2÷ 2	3÷ 1	20× 4
2	10+ 4	6	1	3	5

139

1− 3	4	1− 5	6	2÷ 2	1
1− 6	5	5− 1	2÷ 2	15× 3	1− 4
3− 2	3÷ 1	6	4	5	3
5	3	7+ 4	4− 1	5− 6	4− 2
2÷ 4	2	3	5	1	6
5− 1	6	1− 2	3	20× 4	5

140

3÷ 2	6+ 1	5	1− 4	3	2÷ 6
6	2− 4	3÷ 1	2÷ 2	15+ 5	3
6+ 5	6	3	1	4	7+ 2
1	3− 2	144× 4	14+ 3	6	5
7+ 3	5	2	6	2÷ 1	3− 4
4	3	6	5	2	1

141

8+ 3	1	30× 5	6	3÷ 2	14+ 4
5+ 1	4	1− 3	2	6	5
4	3− 6	4− 1	5	3	2
4− 2	3	6 6	8× 4	90× 5	1
6	12+ 5	2	1	3− 4	3
5	2	1− 4	3	1	6

142

1− 4	5	24× 1	10+ 2	2÷ 6	3
1	4	6	3	5	2 2
108× 3	6	4 4	40× 5	2	1
6	3− 2	5	2− 1	3	4
3− 5	1− 3	2	3− 4	1	11+ 6
2	3÷ 1	3	2− 6	4	5

143

2÷ 4	8+ 1	3	9+ 6	2	2− 5
2	30× 5	4	1	15+ 6	3
2− 3	2	4− 1	5	4	10+ 6
1	3	3÷ 6	2	5	4
2− 6	4	3− 5	1− 3	2÷ 1	2
30× 5	6	2	4	2− 3	1

144

4− 1	5	15+ 4	6	3− 3	11+ 2
1− 4	3	48× 2	5	6	1
6× 2	4	6	6+ 1	5	3
3	5× 1	5	2	19+ 4	6
1− 5	6	1	3	2÷ 2	4
4− 6	2	1− 3	4	1	5

145

11+ 6	2− 3	5	10× 2	1	2÷ 4
1	4	3− 3	6	5	2
2 2	2÷ 1	5− 6	1− 5	7+ 4	3
18+ 5	2	1	4	3− 3	6
3	6	3− 4	1	36× 2	4− 5
4	3− 5	2	3	6	1

146

1− 6	2− 4	10× 5	2	1	18× 3
5	2	6× 3	15+ 4	6	1
3− 4	1	2	6	11+ 3	5 5
3÷ 1	3	5+ 4	5	2	6
1− 2	11+ 6	1	3 3	11+ 5	4
3	5	24× 6	1	4	2

147

1− 3	15+ 5	6	4	1− 2	1
2	6 6	5+ 4	1	45× 5	3
7+ 4	2	1	10× 5	3	15+ 6
90× 6	3	5	2	7+ 1	4
4− 1	14+ 4	1− 2	3	6	5
5	1	3	6	2÷ 4	2

148

15+ 4	3	5	4× 1	2	2− 6
3	1− 5	3÷ 6	2	5− 1	4
4− 1	4	2	11+ 5	6	1− 3
5	2÷ 1	7+ 3	6	1− 4	2
14+ 6	2	4	11+ 3	5	6+ 1
2	6	1	4	3	5

149

1− 2	11+ 5	6	1− 4	3	2÷ 1
3	2− 6	4	5× 1	5 5	2
15+ 4	2	1	5	108× 6	3
5	4	13+ 2	3	1	6
18× 1	2− 3	5	6	2	1− 4
6	1	3	2÷ 2	4	5

150

3− 4	1− 3	2	5− 6	1	11+ 5
1	1− 5	4	6× 2	3	6
4− 2	6	2− 3	5	5+ 4	1
1− 5	4	5− 6	1	1− 2	3
2÷ 6	2÷ 2	1	3 3	15+ 5	2÷ 4
3	4− 1	5	4	6	2

151

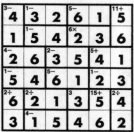

1− 4	50× 2	5	5− 6	1	3 3
3	5	3÷ 6	2	3− 4	1
5+ 1	4	2− 2	3÷ 3	1− 5	6
11+ 5	6	4	1	1− 3	2
4− 6	17+ 3	6+ 1	5	11+ 2	4
2	1	3	4	6	5

152

1− 4	5	12× 1	3	4× 2	6 6
7+ 5	2÷ 6	3	4	1	2
2	3− 4	11+ 6	5	3÷ 3	1
3÷ 3	1	7+ 5	2	2− 6	4
1	2÷ 2	4	5− 6	17+ 5	3
2÷ 6	3	2 2	1	4	5

153

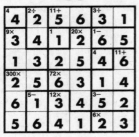

4 4	2÷ 2	11+ 5	6	3÷ 3	1
9× 3	4	1 1	20× 2	1− 6	5
1	3	2	5	4 4	11+ 6
300× 2	5	72× 6	3	1	4
6	5− 1	12× 3	4	3− 5	2
5	6	4	1	6× 2	3

154

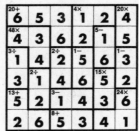

20+ 6	5	3	4× 1	2	20× 4
48× 4	3	6	2	5− 1	5
3÷ 1	4	2÷ 2	1− 5	6	1− 3
3	2÷ 1	4	6	15× 5	2
13+ 5	2	3− 1	4	3	24× 6
2	6	8+ 5	3	4	1

155

5− 6	8+ 1	2	1− 3	1− 4	5
1	2	3	4	30× 5	6
15+ 3	5	48× 4	1	6	2
4	3	11+ 5	6	2÷ 2	1
2− 2	4	36× 6	7+ 5	8+ 1	3 3
5 5	6	1	2	3	4

156

3÷ 1	3	30× 5	1− 2	10+ 4	6
1− 5	4	6	1	1− 2	3
3− 2	5	12× 4	3	5− 6	1
5+ 4	1	4− 2	6	15× 3	5
3− 6	1− 2	3	4− 5	1	2÷ 4
3	5− 6	1	1− 4	5	2

157

5− 1	6	14+ 5	3	2÷ 2	4
90× 3	5	4	2	17+ 1	6
6	6× 1	2	4	5	3 3
1− 5	4	3	1	3÷ 6	2
2− 4	3÷ 2	6	15× 5	3	4− 1
2	2− 3	1	24× 6	4	5

158

1− 3	4	180× 6	2	9+ 5	1
17+ 6	5	3	60× 4	1	2
4× 2	6	5	1	2÷ 3	15+ 4
1	2	8× 4	3	6	5
4 4	9+ 3	1	5	144× 2	6
5	1	2	6	4	3

159

6× 3	120× 6	9+ 5	4	12+ 2	1 1
1	5	11+ 2	3	4	6
2	4	3 3	6	4− 1	5
15+ 5	12× 3	4	9+ 1	3÷ 6	2
4	1− 1	6	2	180× 5	3
6	2	4− 1	5	3	4

160

3÷ 1	3	10× 2	11+ 6	4	15+ 5
4− 6	1− 2	5	1	15× 3	4
2	1	3÷ 3	2÷ 4	5	6
1− 4	1− 5	1	2	5− 6	6+ 3
3	4	2− 6	10+ 5	1	2
11+ 5	6	4	3	2	1

161

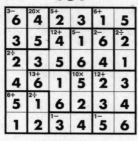

3− 6	20× 4	5+ 2	3	6+ 1	5
3	5	12+ 4	5− 1	2− 6	2÷ 2
2÷ 2	3	5	6	4	1
4	13+ 6	1	10× 5	12+ 2	3
6+ 5	2÷ 1	6	2	3	4
1	2	1− 3	4	1− 5	6

162

60× 5	10+ 6	1	3	11+ 4	2
6	5+ 3	2	1 1	5	12× 4
2	2÷ 4	11+ 5	5− 6	1	3
8+ 4	2	6	30× 5	3	4− 1
3	5+ 1	4	2	72× 6	5
1	12+ 5	3	4	2	6

163

16× 2	2− 4	6	2− 5	3	9+ 1
1	2	15+ 4	6	5	3
4	3÷ 3	5	5+ 1	15+ 2	30× 6
19+ 3	1	12× 2	4	6	5
6	5	3	2	1	4
5	5− 6	1	1− 3	4	2

164

120× 5	6	12× 4	5+ 2	3	6× 1
1− 2	4	3	11+ 5	1	6
3	3÷ 1	30× 6	4	2	40× 5
12+ 6	3	5	6× 1	4	2
4	2	2÷ 1	6	60× 5	3
6+ 1	5	2	2÷ 3	6	4

165

9+ 2	6	1	12+ 4	3	5
22+ 3	4	13+ 2	5	6	18× 1
4	5	1− 3	2	1	6
6	3− 2	5	5+ 1	4	3
5× 5	1	2− 6	2÷ 3	80× 2	4
1	3 3	4	6	5	2

166

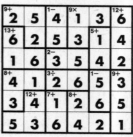

9+ 2	5	1− 4	9× 1	3	12+ 6
13+ 6	2	5	3	5+ 1	4
1	6	2− 3	5	4	2
8+ 4	1	3÷ 2	6	1− 5	9+ 3
3	12+ 4	7+ 1	8+ 2	6	5
5	3	6	4	2	1

167

2− 6	11+ 3	2	5× 5	1	20× 4
4	9+ 2	6	1	30× 3	5
1	6	7+ 4	3	5	2
2− 3	5	6+ 1	2− 4	3÷ 2	6
3− 2	3− 1	5	6	24× 4	3÷ 3
5	4	6× 3	2	6	1

168

3− 1	4	3 3	12× 6	2	120× 5
6× 2	3	1− 6	5	1	4
12× 3	11+ 5	4	2	6	1
4	6+ 1	2	3	16+ 5	6
11+ 5	6	3− 1	4	7+ 3	2
3÷ 6	2	4− 5	1	4	3

169

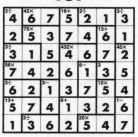

2÷ 4	42× 6	7	16+ 5	2÷ 2	1	3÷ 3
2	75× 5	3	7	4	13+ 6	1
3÷ 3	1	5	432× 4	6	7	40× 2
56× 7	4	2	6	6− 1	3 3	5
3÷ 6	2	3− 1	3	7	10× 5	4
13+ 5	7	4	6+ 1	3	2	1− 6
1	2÷ 3	6	2	20× 5	4	7

170

14× 2	7	2÷ 1	18+ 6	5	7+ 4	3
6− 1	3÷ 3	2	1− 5	7	48× 6	4
7	1	13+ 6	4	72× 3	2	5 5
10× 5	2	7	14× 1	4	3 3	3÷ 6
7+ 4	90× 5	3	7	6	35× 1	2
3	6	60× 4	2	2÷ 1	5	7
2− 6	4	5	3	2	8+ 7	1

171

4− 1	13+ 7	10× 5	2	5+ 3	14+ 4	6
5	6	4− 3	7	2	2÷ 1	4
14+ 4	6− 1	7	30× 5	13+ 6	2	150× 3
3	24× 4	6	1	7	5	2
7	2÷ 2	4	6	10+ 1	2÷ 3	5
3÷ 2	15× 5	3÷ 1	3	4	6	49× 7
6	3	2÷ 2	4	5	7	1

172

36× 4	3	3÷ 2	6	10+ 1	210× 7	5
3	14× 2	7	2÷ 1	4	5	6
17+ 7	6	4	2	14+ 5	3÷ 1	3
3÷ 6	3÷ 1	3	5 5	2	4	6− 7
2	2− 7	5	3− 4	3	108× 6	1
25× 5	5+ 4	1	7	6	3	16× 2
1	5	16+ 6	3	7	2	4

173

192× 4	2	6− 7	2÷ 3	6	4− 5	1
6− 7	6	1	6× 2	3	9+ 4	5
1	4	720× 6	5	5− 7	2	3 3
4− 5	1	2÷ 4	6	6× 2	3	13+ 7
1− 3	630× 5	2	4	6− 1	7	6
2	7	2− 3	6+ 1	5	2− 6	4
6	3	5	3− 7	4	2÷ 1	2

174

126× 1	3	6	3+ 2	2− 7	5	12× 4
210× 6	7	75× 5	1	48× 2	4 4	3
7	5	3	6	4	1	13+ 2
5	6− 1	7	7+ 4	1− 3	2	6
2÷ 4	3÷ 6	2	3	6− 1	7	5
2	32× 4	1	12+ 5	2÷ 6	3	6− 7
3 3	2	4	7	1− 5	6	1

175

20× 5	4	3+ 1	120× 6	42× 2	7	3
3÷ 6	23+ 7	2	4	5	7+ 3	6− 1
2	6	5	3 3	15+ 1	4	7
4 4	5	6− 7	1	3	4− 2	6
21× 7	6× 2	3	5	6	6+ 1	2÷ 4
3	1	2− 6	56× 7	4	5	2
2− 1	3	4	2	13+ 7	6	5 5

176

5− 7	3− 4	4− 2	6	3 3	3÷ 1	1− 5
2	7	2− 4	1− 5	6− 1	3	6
2÷ 3	75× 5	6	4	7	13+ 2	3+ 1
6	3	5	1 1	4	7	2
3+ 1	2	6− 7	10+ 3	4− 6	20× 5	4
20× 5	36× 6	1	7	2	4 4	4− 3
4	1	3	2	11+ 5	6	7

177

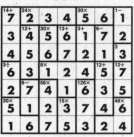

14+ 7	24× 2	3	4	30× 5	6	1− 1
3	12+ 4	30× 5	13+ 6	3+ 1	6− 7	2
4	5	6	7	2	1	3 3
3÷ 6	3	8× 1	2	4	12+ 5	12+ 7
2	6− 7	56× 4	1	126× 6	3	5
30× 5	1	2	15× 3	7	4	48× 6
1	6	7	5	3	2	4

178

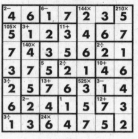

2− 4	6	6− 1	7	144× 2	3	210× 5
105× 5	3+ 1	2	11+ 3	4	6	7
7	140× 4	3	5	6	2÷ 2	1
3	7	5 5	2÷ 2	1	10+ 4	6
3÷ 2	5	13+ 7	6	525× 3	3− 1	4
6	2− 2	4	1 1	5	12+ 7	3
3÷ 1	3	24× 6	4	7	5	2

179

12× 4	5 5	3÷ 3	1	13+ 6	7	13+ 2
1	3	3÷ 6	10+ 5	2	4	7
1− 5	4	2	7 7	3	5− 1	6
3÷ 6	6− 1	84× 7	3	4	1− 2	20× 5
2	7	240× 5	6	6− 1	3	4
21× 3	3÷ 6	4	2	7	1− 5	3÷ 1
7	2	20× 1	4	5	6	3

180

16+ 5	72× 1	2	3	6	7+ 4
4	2÷ 3	6	30× 5	2	1
3	4	17+ 5	6	1	2
5− 1	6	4	10× 2	5	14+ 3
24× 2	5	3	1	48× 4	6
6	2	1	4	3	5

181

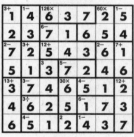

3+ 1	1− 4	126× 6	3	7	60× 2	1− 5
2	3	6− 7	1	6	5	4
2− 7	3+ 2	12+ 5	4	3	2− 6	7+ 1
5	1	3 3	5− 7	2	4	6
13+ 3	3− 7	4	30× 6	4− 5	1	12+ 2
4	3÷ 6	2	5	6− 1	7	3
6	4− 5	1	2 2	1− 4	3	7

182

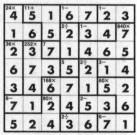

24× 4	11+ 5	1	1− 6	7	1− 2	3
1	6	5	2÷ 2	1− 3	4	840× 7
36× 2	252× 3	7 7	1	4	6	5
6	7	3	5 5	2÷ 2	3− 1	4
3	4	168× 6	7	1	60× 5	2
6− 7	1	80× 2	4	2− 5	3	6
5	2	4	2÷ 3	6	6− 7	1

183

3÷ 6	2	72× 3	35× 7	28× 4	4− 5	1
8+ 2	4	6	5	7	1	13+ 3
5	1	15+ 4	6	2	3	7
13+ 7	6	2 2	3	20× 1	4	5
20× 1	12+ 3	5	4	13+ 6	7	10+ 2
4	5	21× 7	1	3	2	6
4− 3	7	8+ 1	2	5	10+ 6	4

184

105× 3	5	2÷ 2	4	6− 7	1	5− 6
7	14+ 4	11+ 3	6	2	300× 5	1
24× 4	2	5	3÷ 3	1	6	11+ 7
6	3	6− 7	1	5	2	4
5− 1	6	12+ 4	5	3	14× 7	2
7+ 5	6− 7	1	2 2	72× 6	4	15× 3
2	1 1	168× 6	7	4	3	5

185

2÷ 4	300× 2	5	6− 7	1	2÷ 6	3
2	4 4	6	5	15+ 7	120× 3	4− 1
294× 7	3÷ 1	3	6	2	4	5
6	7	2 2	8+ 3	5	1	3− 4
15× 1	1− 3	4	2 2	10+ 6	5	7
3	20+ 5	7	1	4	2	84× 6
5	6	1	1− 4	3	7	2

186

6− 1	7	12× 3	4	3− 5	2	2− 6
12× 3	10× 5	1	14× 7	2	2÷ 6	4
4	2	12+ 5	1	6	3	14+ 7
28× 7	4	3÷ 6	2	3× 3	1	5
30× 5	3 3	13+ 7	6	1	28× 4	2
6	3+ 1	2	1− 5	4	7	3÷ 3
3÷ 2	6	4 4	15+ 3	7	5	1

187

4− 3	3÷ 6	12+ 4	5− 7	2	30× 5	3− 1
7	2	5	3	1	6	4
30× 6	5	1− 3	2	17+ 4	6− 1	7
1− 5	4	6− 7	1	6	2	3 3
6× 2	3	3− 1	4	5	1− 7	6
3− 4	6− 1	3÷ 6	5 5	84× 7	3	7+ 2
1	7	2	2÷ 6	3	4	5

188

2÷ 2	4	24× 1	11+ 5	2÷ 6	3	13+ 7
4− 7	3	4	2	6− 1	5 5	6
120× 5	14+ 2	6	4	7	3+ 1	60× 3
6	5	7	3÷ 1	3	2	4
4	6× 1	3	13+ 7	60× 2	6	5
3 3	42× 7	2	6	5	112× 4	2÷ 1
1	6	2− 5	3	4	7	2

189

18+ 6	84× 3	4	7	20× 5	1− 2	1
5	3+ 1	10× 2	5− 6	4	14+ 7	2÷ 3
7	2	5	1	3	4	6
24× 4	6	6− 7	2÷ 2	1	8+ 3	5
6× 3	1− 5	1	1− 4	18+ 7	6	5− 2
1	4	14+ 6	3	3÷ 2	5	7
2	7 7	3	5	6	5+ 1	4

190

1− 4	13+ 6	7	1− 5	6× 1	3	2
3	2÷ 2	5+ 1	6	1− 7	3− 5	7+ 4
5 5	1	4	6− 7	6	2	3
3÷ 6	14× 7	2	1	1− 3	4	5 5
2	8+ 5	30× 6	3 3	2÷ 4	5− 1	8+ 7
6− 7	3	5	2÷ 4	2	6	1
1	7+ 4	3	2	210× 5	7	6

191

6− 1	2÷ 4	2	1− 7	6	2− 5	3
7	40× 5	4	2	2÷ 3	6	8+ 1
13+ 2	1 1	14+ 6	12× 4	2− 5	3	7
6	2÷ 3	7	1	4 4	3− 2	5
5	6	1	3	3− 7	4	2÷ 2
12× 3	18+ 7	5	6	2÷ 2	1	4
4	5+ 2	3	4− 5	1	1− 7	6

192

6− 1	13+ 6	2	4− 7	2− 4	10+ 5	6× 3
7	6+ 1	5	3	6	4	2
3	2	2− 6	4	105× 5	1	17+ 7
16+ 6	5	6− 7	2÷ 1	3	2 2	4
5	12× 4	1	2	7	16+ 3	6
672× 2	3	4	1− 6	1− 1	7	6+ 5
4	7	3	5	2	6	1

193

3÷ 3	140× 7	5	2÷ 2	1	2÷ 4	2÷ 6
1	4	25+ 7	5	6	2	3
11+ 5	6× 2	2− 6	4	7	10+ 3	5+ 1
6	1	3	6− 7	2	5	4
12+ 2	6	4	1	15+ 3	7	5
28× 7	4− 5	1	2÷ 3	2− 4	6	5− 2
4	1− 3	2	6	4− 5	1	7

194

525× 7	3	5	4− 6	2÷ 4	2	11+ 1
3+ 1	5	17+ 3	2	13+ 7	6	4
2	12+ 1	7	4	3	20× 5	6
15× 5	7	4	3− 3	6	1	9+ 2
3	2 2	12+ 6	5	1	4	7
288× 4	6	2	6− 1	105× 5	7	3
6	5+ 4	1	7	10+ 2	3	5

195

2− 7	2− 6	4	90× 3	5	8× 1	2
5	1− 7	6	1	2	3	4
13+ 4	2	7	14+ 5	2÷ 3	6	10+ 1
10+ 6	4	5 5	2	6− 1	7	3
6+ 2	3	1	7	1− 4	5	6
3÷ 3	2÷ 1	2	1008× 6	7	4	14+ 5
1	12+ 5	3	4	6	2	7

196

21× 7	2 2	24× 6	1	4	10+ 5	3
3	6− 7	1	15+ 5	6	4	2
3÷ 2	10+ 5	4	6− 7	1	6× 3	1− 6
6	1	14+ 7	4	3	2	5
20× 4	3÷ 6	2	5+ 3	4− 5	1	8+ 7
5	12+ 4	3	2	13+ 7	6	1
3÷ 1	3	5	3÷ 6	2	11+ 7	4

197

1− 3	1− 4	5	5− 7	2	1− 6	3+ 1
4	4− 6	5− 1	105× 3	7	5	2
6− 1	2	6	5	13+ 3	4 4	210× 7
7	3+ 1	2	4 4	6	5+ 3	5
17+ 5	7	1− 3	8+ 1	4	2	6
3÷ 2	5	4	6	1	8+ 7	7+ 3
6	10+ 3	7	7+ 2	5	1	4

198

2− 4	2	6− 1	7	90× 6	5	3
15× 1	5	3	168× 2	13+ 7	6	16+ 4
3÷ 2	3÷ 1	30× 6	4	3	7	5
6	3	5	6× 1	32× 4	2	7
5 5	1176× 7	2	3	1	4	5− 6
7	6	4	210× 5	30× 2	3	1
1− 3	4	7	6	5	1− 1	2

199

5− 7	20× 5	4	1	3÷ 2	6	2÷ 3
2	16+ 7	5	3− 4	1	42× 3	6
24× 6	4	22+ 1	5	3 3	2	7
4	2÷ 6	3	7	18+ 5	1− 1	2
1	6× 3	7	2	6	13+ 5	4
2− 3	1	2	3− 6	7	4	4− 5
5	3÷ 2	6	3	3− 4	7	1

200

13+ 7	6	105× 3	56× 2	4	1	19+ 5
40× 2	1	5	7	60× 3	4	6
4	105× 3	7	1	5	6	2
5	7	4 4	144× 6	3+ 1	2	11+ 3
2÷ 3	5	3+ 2	4	6	7	1
6	13+ 2	1	150× 5	21× 7	3	3− 4
1	4	6	3	2	5	7

201

90× 3	5	6	2÷ 1	2	3− 7	4
1− 4	2÷ 2	1	18+ 6	7	5	14+ 3
5	21× 3	4 4	6− 7	1	2÷ 2	6
7	1	11+ 2	3	6	4	5
14× 2	7	60× 3	4	5	5− 6	1
120× 6	4	5	3− 2	3 3	6− 1	7
1 1	13+ 6	7	5	24× 4	3	2

202

1− 3	40× 2	13+ 6	7	16+ 1	5	3− 4
2	4	5	30× 6	7	3	1
6− 1	1− 3	4	5	3÷ 2	6	2− 7
7	4− 6	2	2− 3	5+ 4	1	5
84× 4	7	3	1	2− 5	3÷ 2	6
11+ 6	5	1	2÷ 4	3	5− 7	2
5 5	6− 1	7	2	13+ 6	4	3

203

30× 2	5	42× 6	10+ 4	2÷ 3	14× 1	7
6− 1	3	7	5	6	2	1− 4
7	7+ 2	5	1	10+ 4	6	3
12× 6	1	2	36× 3	16+ 7	4	5
4− 3	7	11+ 4	2	10+ 1	11+ 5	6
15+ 5	4	3	6	2	7	6+ 1
4	6	6− 1	7	5 5	3	2

204

20× 2	5	144× 6	4	6− 7	3÷ 1	3
10+ 5	2	15× 3	6	1	2− 4	7 7
1	4	5	4− 7	3	6	10× 2
13+ 6	7	1− 4	5	5+ 2	3	1
14+ 4	1 1	6− 7	2÷ 3	6	60× 2	5
7	2÷ 3	1	4× 2	1− 4	5	6
3	6	2	1	5	28× 7	4

205

13+ 7	6	40× 2	4	9+ 5	1	3
2÷ 2	4	5	252× 7	6	3 3	35× 1
2÷ 3	11+ 2	4	6	6− 1	7	5
6	5	3÷ 3	1	2− 2	4	7
60× 5	3	14× 1	2	7	144× 6	4
4	6− 1	7	30× 5	3	2	6
6− 1	7	72× 6	3	4	10× 5	2

206

2− 4	35× 5	3+ 1	2	3 3	13+ 7	2− 6
2	7	12+ 5	3	3+ 1	6	4
24× 6	1	4	7 7	2	30× 3	5
6− 7	4	2÷ 6	3− 1	35× 5	2	1− 3
1	14+ 6	3	4	7	35× 5	2
5	3	12+ 2	6	4	1	7
1− 3	2	210× 7	5	6	3− 4	1

207

6− 1	7	13+ 6	1− 3	2÷ 4	2	20× 5
3− 6	5+ 1	7	2	75× 3	5	4
3	4	7+ 1	13+ 7	5	2÷ 6	4− 2
2− 7	5	4	1	2 2	3	6
2÷ 4	3− 6	2	5	28× 7	2− 1	3
2	3	2− 5	2− 6	1	4	6− 7
3− 5	2	3	4	13+ 6	7	1

208

7+ 4	13+ 6	3÷ 3	1	3÷ 2	35× 7	5
3	7	120× 4	5	6	6× 2	1
2÷ 2	1	6	13+ 7	15× 5	3	24× 4
3− 7	4	6− 1	6	3	120× 5	2
7+ 5	2	7	9+ 4	1	6	3
5− 1	2− 5	2	3	3− 7	4	6 6
6	3	3− 5	2	4	6− 1	7

209

2÷ 4	72× 3	1− 7	6	70× 2	5	10× 1
2	6	4	1− 3	7	6− 1	5
17+ 6	4− 1	5	4	13+ 3	7	2
1	5	9+ 2	7	4	2÷ 6	3
5	6− 7	1	3+ 2	6	1− 3	168× 4
4− 3	2− 4	6 6	1	20× 5	2	7
7	2	2− 3	5	1	4	6

210

17+ 7	2− 3	5	5− 2	24× 4	6	11+ 1
4	6	4× 2	7	16+ 3	1	5
3 3	2	1	30× 5	6	7	4
5+ 1	4	4− 3	6	3− 2	2− 5	7
3− 2	6− 1	7	1− 3	5	2÷ 4	2÷ 6
5	7	24× 6	4	6− 1	2	3
1− 6	5	4	1	7	1− 3	2

211

3÷ 3	15+ 5	2÷ 2	4	14+ 1	6	7
1	3	7 7	14+ 5	6	240× 2	4
16+ 4	7	3+ 1	2	3	5	6
7	3÷ 1	3	3÷ 6	2	40× 4	5
5	3÷ 6	12× 4	3	23+ 7	3× 1	2
4− 6	2	5	7	4	3	1
2	24× 4	6	1	105× 5	7	3

212

15× 5	3	4× 1	2	17+ 7	15+ 6	4
2÷ 4	3− 1	2	7	3	5	2÷ 6
2	4	168× 6	12+ 5	6− 1	7	3
35× 7	5	4	3	3÷ 6	2	10× 1
6× 1	13+ 6	7	4	9+ 2	3	5
6	7	14+ 3	20× 1	5	4	2
6× 3	2	5	6	4	6− 1	7

213

2÷ 3	6	13+ 5	2÷ 2	4	4− 7	12× 1
10× 5	2	6	11+ 7	6− 1	3	4
2	6+ 5	1	4	7	720× 6	3
7 7	6+ 1	2	3	60× 5	4	6
5+ 1	7+ 3	4	11+ 6	2	5	14+ 7
4	17+ 7	3	5	6	2÷ 1	2
2− 6	4	7	3÷ 1	3	2	5

214

14× 2	7	8+ 4	1	3	11+ 5	6
2÷ 1	2	90× 3	6	5	28× 7	4
16+ 7	6+ 3	2	5 5	13+ 6	4	8+ 1
4	1	1− 6	1− 2	6− 7	3	5
5	4 4	7	3	1	48× 6	2
2÷ 6	1− 5	6− 1	7	4	2	4− 3
3	6	40× 5	4	2	1	7

215

6− 7	14× 2	12+ 5	3− 1	4	2÷ 6	3
1	7	4	3	8+ 2	5	1− 6
8+ 3	5	3÷ 2	6	1	84× 4	7
2 2	6− 1	7	2− 4	6	3	11+ 5
10+ 6	4	6+ 1	5	11+ 3	7	2
1− 5	3− 6	6× 3	2	7	1	4
4	3	18+ 6	7	5	2÷ 2	1

216

16× 4	60× 6	5	2	3÷ 1	3	20+ 7
1	4	10+ 3	3− 5	2	7	6
5 5	10× 2	7	5+ 1	4	2÷ 6	3
3÷ 2	1	2÷ 6	3	7 7	9+ 5	4
6	5	3+ 1	4− 7	3	2− 4	2
147× 3	7	2	10+ 4	6	5× 1	5
7	13+ 3	4	6	3− 5	2	1

217

10+ 3	2÷ 2	4	42× 1	6	7	30× 5
7	5+ 4	2 2	11+ 3	5	6	1
200× 4	1	1008× 6	7	3	9+ 5	3÷ 2
2	5	6− 1	4	7 7	3	6
5	105× 3	7	6	4× 2	1	4 4
6× 6	7	5	2	1	14+ 4	3
1	2÷ 6	3	40× 5	4	2	7

218

2÷ 2	5 5	126× 7	3	6	50× 1	2− 4
4	18× 1	3	6− 7	2	5	6
8+ 3	4	6	1	5	14+ 2	7
1	5+ 2	120× 4	6	1− 3	13+ 7	5
13+ 7	3	1	5	4	6	6× 2
6	1050× 7	5	2÷ 2	1	1− 4	3
5	6	56× 2	4	7	3	1

219

3+ 1	2	84× 7	4	3	1− 5	6
3÷ 6	3− 5	2	6− 7	1	60× 3	4
2	24× 1	6	126× 3	7	4 4	5
14+ 3	7	4	50× 5	6	2÷ 1	2
4	2− 3	1	2	5	13+ 6	7
2− 5	120× 4	2÷ 3	6	2÷ 2	5− 7	3÷ 1
7	6	5	1 1	4	2	3

220

10+ 5	3	7× 1	3− 4	7	3÷ 2	6
8+ 4	2	7	1	3− 3	6	11+ 5
3	1	14+ 5	2− 6	4	6− 7	2
3− 2	5	3	70× 7	6 6	1	4
168× 7	4	6	2	5	9× 3	1
6	280× 7	2	5	5+ 1	4	3
5− 1	6	4	1− 3	2	2− 5	7

221

120× 1	5	56× 4	2	7	3− 6	3
6	4	24× 2	3	15+ 5	7	840× 1
168× 7	2	6	4	6+ 1	3	5
2	42× 1	7	6	3	5 5	4
90× 5	6	3	7+ 1	2	10+ 4	7
17+ 3	7	1	5	4	2	6
4	3	18+ 5	7	6	2÷ 1	2

222

42× 7	5− 6	1	378× 3	2÷ 2	4	25+ 5
2	70× 5	7	6	3	1	4
3	7	2	1715× 1	4	5	6
11+ 4	5+ 3	1− 6	7	5	4− 2	6+ 1
1	2	5	9+ 4	7	6	3
6	1− 4	3	5	1	7	2
4− 5	1	48× 4	2	6	4− 3	7

223

6+ 5	2÷ 6	840× 4	6− 1	7	6× 3	2
1	3	6	2÷ 4	2− 5	1− 2	3− 7
3÷ 6	7	5	2	3	1	4
2	5 5	126× 3	7	6	5+ 4	1
84× 4	6− 1	7	1− 5	3+ 2	13+ 6	2− 3
3	2÷ 4	1− 2	6	1	7	5
7	2	1	7+ 3	4	11+ 5	6

224

24× 3	8	60× 2	6	20× 1	5	4	18+ 7
3+ 2	18+ 7	4	5	7− 8	1	3	6
1	40× 5	7	15+ 8	4 4	13+ 6	2	10+ 3
3− 8	4	11+ 3	7	5	2	6	1
5	2	8	8+ 1	16+ 6	3	448× 7	4
14+ 6	1	30× 5	4	3	7	8	2
7	6	1	42× 3	2÷ 2	4	200× 5	8
1− 4	3	6 6	2	7	7− 8	1	5

225

1− 3	4	280× 8	5	7	3+ 1	2	2− 6
240× 5	6	2	1− 7	8	12+ 3	1	4
20+ 7	5	4	2÷ 3	120× 6	2 2	8	3÷ 1
8	3+ 2	1	6	4	5	3− 7	3
96× 6	30× 1	5	7− 8	105× 3	7	4	5− 2
2	8	6	1	5	576× 4	3	7
63× 1	7	3	2÷ 4	2	8	6	3− 5
4 4	3	10+ 7	2	1	1− 6	5	8

226

4÷ 2	8	2− 3	5	144× 6	4÷ 4	1	8+ 7
3− 5	2	11+ 8	28× 4	3	1− 6	7	1
3− 4	1	2	7	8	1680× 3	11+ 6	5
1	9+ 4	5	8	2	7	2÷ 3	6
21× 7	5	11+ 1	6	4	7− 8	1− 2	3
3	168× 7	6	1− 2	35× 5	1	4− 8	4
2÷ 6	3	4	1	7	7+ 2	5	6− 8
2− 8	6	21× 7	3	1	1− 5	4	2

227

14× 7	1	2	4− 4	8	30× 6	5	90× 3
4÷ 2	4− 7	56× 8	6 6	1− 4	3	1	5
8	3	7	14+ 5	1	2÷ 4	24× 2	6
3÷ 6	2	1	15+ 7	5	8	3	4
10+ 1	4	5	8	3	5− 2	168× 6	7
1− 3	1− 5	2÷ 6	3+ 1	2	7	4	11+ 8
4	6	3	70× 2	7	5	56× 8	1
17+ 5	8	4	3− 3	6	1	7	2

228

3÷ 1	3	3− 5	2	3− 4	7	2− 6	8
144× 3	6	8	35× 5	7	3+ 1	2	112× 4
3+ 2	1	168× 6	12+ 8	6× 3	120× 5	4	7
1− 5	4	7	1	2	3	8	3÷ 6
6	1− 5	4	3	1	15+ 8	7	2
3− 4	2÷ 2	1	1− 7	8	2÷ 6	3	4− 5
7	23+ 8	1− 3	2− 4	1− 6	2− 2	15× 5	1
8	7	2	6	5	4	1	3

229

42× 7	120× 5	6	4	5− 3	8	2 2	12+ 1
6	1	18+ 5	8	2	3	7	4
2÷ 8	11+ 4	7	30× 5	6	3÷ 1	3	1− 2
4	4÷ 8	2	2÷ 6	6+ 5	8+ 7	1	3
30× 5	2÷ 2	4	3	1	2− 6	8	15+ 7
2	19+ 6	3	2÷ 1	1− 7	19+ 4	5	8
3	7	7− 1	2	8	7+ 5	4	1− 6
1 1	3	8	3− 7	4	2	6	5

230

2− 5	7	24× 2	2÷ 6	3	20× 4	7− 1	8
112× 7	8	3	4	14+ 6	5	2÷ 2	1
2− 6	2	2− 7	5	4	1	5− 8	3
8	1− 5	4	6− 7	1	3	3÷ 6	2
2÷ 2	2− 3	5	1	15+ 7	8	13+ 4	6
4	10+ 6	2÷ 1	2	3− 8	15+ 7	3	5 5
3	1	384× 6	8	5	2	3− 7	4
4÷ 1	4	8	1− 3	2	6	2− 5	7

231

2− 7	5	2− 6	4	1 1	288× 8	2	3
2÷ 4	2	10+ 3	7	3− 5	6+ 1	6	32× 8
2÷ 3	15+ 7	8	2− 6	2	5	4	1
6	1− 3	2− 5	8	3− 4	7	2÷ 1	2
3+ 2	4	7	3÷ 1	2÷ 6	3	3− 8	5
1	4÷ 8	2	3	168× 7	4− 6	840× 5	4
9+ 8	1	1− 4	5	3	2	7	6
1− 5	6	3+ 1	2	8	14+ 4	3	7

232

4÷ 1	2÷ 4	2	15+ 7	8	84× 6	15× 5	3
4	432× 3	6	8	50× 5	2	7	7− 1
42× 6	1− 7	1− 4	3	2	5	6× 1	8
7	8	3	2÷ 2	4÷ 4	1	6	2− 5
4÷ 2	3÷ 6	4− 5	4	1	14+ 3	8	7
8	2	1	210× 5	14+ 7	4	3	2− 6
8+ 5	1	7	6	3	112× 8	2	4
3	13+ 5	8	7+ 1	6	7	2÷ 4	2

233

294× 6	7	9+ 3	1	5	96× 2	4	11+ 8
7	100× 5	4	2− 6	8	1 1	2	3
24× 3	4	5	28× 7	7− 1	8	6	15+ 2
2	2÷ 3	6	4	22+ 7	5	7− 8	1
120× 5	6− 2	8	11+ 3	6	4	1	7
4	6	2÷ 1	8	12+ 2	7	3	5
7− 8	1	2	14+ 5	3	6	105× 7	24× 4
1	8 8	13+ 7	2	4	3	5	6

234

336× 7	3	4	4÷ 8	2	5− 6	1	4− 5
4	21+ 6	150× 2	3	5	15+ 8	7	1
1	7	10+ 6	5	24× 8	3	96× 4	2
24+ 5	8	3	1	4÷ 4	14× 7	2	6
8	4	210× 7	6	1	2	2− 5	3
288× 6	2	5	168× 4	2− 3	1	1− 8	7
2	5	1	7	6	1− 4	3	2÷ 8
3	1	8	5− 2	7	1− 5	6	4

235

26+ 7	1− 6	5	56× 8	8× 1	4	6× 2	3
6	13+ 8	3	7	2	16+ 5	6+ 1	7+ 4
8	10+ 3	2	16+ 6	4	7	5	1
5	7	6	4	2÷ 3	3÷ 1	21+ 8	2
24× 2	20× 5	6− 7	1	6	3	4	280× 8
1	4	13+ 8	2	21+ 7	6	3	5
4	2	1	15× 3	15+ 5	8	6	7
3	4÷ 1	4	5	8	2	13+ 7	6

236

42× 7	6	3÷ 1	3	21+ 5	192× 4	8	2
28× 4	7	13+ 8	8+ 1	6	3	3+ 2	3− 5
12+ 3	5	2	7	4	6	1	8
6+ 5	4	3	4÷ 8	2	7− 1	13+ 7	6
1	13+ 2	168× 7	3− 6	3	8	20× 5	4
8	3	4	1− 5	5− 7	2	126× 6	1
2÷ 2	1	6	4	9+ 8	19+ 5	3	7
2− 6	8	10× 5	2	1	7	4	3

237

5− 6	24× 4	1	3− 8	5	18+ 7	3	5− 2
1	2	3	2÷ 4	14+ 6	5	8	7
14+ 7	4− 1	5	2	3	48× 8	6	60× 4
3	26+ 8	42× 6	1	224× 7	4	56× 2	5
4	5	40× 2	7	8	10+ 6	1	3
3− 2	6	4	5	1	3	7	2− 8
5	7	56× 8	1− 3	2	2÷ 1	4	6
5− 8	3	7	24× 6	4	2	6+ 5	1

238

4÷ 4	26+ 6	105× 3	280× 5	7	8	3− 2	6× 1
1	8	7	3÷ 3	4− 4	13+ 2	5	6
1− 3	7	5	1	8	6	96× 4	2 2
2	5	2− 6	1− 7	1	4	3	8
42× 6	10+ 2	4	8	105× 5	3	280× 1	7
7	4	11+ 2	2− 6	1− 3	1	8	5
13+ 5	1	8	4	2	7	13+ 6	1− 3
8	3	1	13+ 2	6	5	7	4

239

2÷ 8	4	2− 5	3÷ 2	16+ 1	7	2÷ 3	6
3− 2	5	7	6	80× 4	8	1− 1	4− 3
7+ 3	5− 6	7− 8	1	5	4	2	7
4	1	4− 3	7	5− 8	13+ 2	6	5
5− 1	4÷ 2	20× 4	5	3	336× 6	7	8
6	8	4÷ 1	4	12+ 7	3	9+ 5	1− 2
4− 7	3	3÷ 6	24× 8	2	30× 5	4	1
2− 5	7	2	3	6	1	2÷ 8	4

240

4− 5	3÷ 6	2	24× 8	3	3− 4	7	6− 1
1	2÷ 3	6	15+ 4	35× 5	4÷ 8	2	7
56× 2	24× 8	3	5	7	24× 1	6	4
4	7	1− 5	6	1	2÷ 3	4÷ 8	2
35× 7	5	4	1− 3	3÷ 2	6	7− 1	8
2÷ 3	1 1	23+ 8	2	6	14× 7	60× 4	5
6	64× 4	7	7− 1	8	2	14+ 5	3
8	2	1	7	1− 4	5	3	6

241

1− 5	4	1− 2	3	56× 8	7	7+ 6	6− 1
30× 6	5	22+ 4	1− 2	3	7− 8	1	7
11+ 2	3	7	6	5	1	4 4	13+ 8
112× 7	6	13+ 8	10+ 4	1	2	3	5
8	2	5	5− 1	6	13+ 4	7	2÷ 3
9+ 1	8	504× 3	7	4	15× 5	2	6
4÷ 4	1	6	1− 8	7	3	3− 5	2÷ 2
4− 3	7	4− 1	5	4− 2	6	8	4

242

4− 1	5	2÷ 4	2− 3	6× 2	11+ 7	21+ 6	8 8
2− 5	7	2	1	3	4	8	24× 6
2− 6	18+ 3	8	2	5	1− 1	7	4
4	7− 8	1	1− 7	6	2	10× 5	3÷ 3
4− 7	2÷ 6	3	4− 8	4	40× 5	2	1
3	14+ 2	5	6	1	8	8+ 4	70× 7
2÷ 2	1	1− 7	1− 4	15+ 8	2÷ 6	3	5
4− 8	4	6	5	7	3	1	2

243

2− 6	42× 1	7	1− 4	5	4− 3	4÷ 8	2
4	6	6+ 1	3	2	7	3− 5	8
7 7	15+ 5	6	2	7− 8	1	10+ 4	7+ 3
5− 3	8	2	1− 7	6	5	1	4
2− 5	3	18+ 8	7+ 6	1	32× 4	3÷ 2	12+ 7
16× 8	7	3	1 1	4	2	6	5
2	32× 4	280× 5	8	7	2− 6	3÷ 3	1
1	2	4	8+ 5	3	8	13+ 7	6

244

2÷ 6	3	14+ 7	5	2÷ 4	2	7− 1	8
4÷ 4	128× 8	2	2− 3	5	7 7	15+ 6	3÷ 1
1	2	8	15+ 7	2÷ 6	4	5	3
10× 2	1	5	8	3	168× 6	7	4
15+ 7	5	2÷ 3	6	7− 8	1	48× 4	2
3	24× 4	1	2− 2	8+ 7	120× 5	8	6
3− 8	17+ 7	6	4	1	3	48× 2	2− 5
5	6	4	1− 1	2	8	3	7

245

3÷ 1	3	35× 7	2÷ 4	2	19+ 8	1− 5	6
2÷ 3	6	1	5	4	7	6− 2	8
17+ 8	7	10+ 4	6	2÷ 1	2	15× 3	5
2	19+ 8	3	2− 7	5	120× 4	6	1
112× 7	4	8	2÷ 3	6	5	10+ 1	2
4	16+ 5	6	16× 2	18+ 3	7− 1	8	7
13+ 6	2	5	1	8	2÷ 3	84× 7	4
5	2÷ 1	2	8	7	6	4 4	3

246

24× 6	4	1− 1	10× 2	4− 7	7+ 3	3− 5	8
35× 7	6− 1	2	5	3	4	4− 8	3÷ 6
5	7	2÷ 3	6	16× 8	1	4	2
2÷ 4	3− 8	5	7− 1	2	1− 7	6	4− 3
2	2− 6	4	8	1	15× 5	3	7
2÷ 1	2	1− 8	8+ 3	5	14+ 6	11+ 7	4
2− 3	5	7	2− 4	6	8	2÷ 2	1
5− 8	3	1− 6	7	2÷ 4	2	4− 1	5

247

168× 7	4	6	6+ 3	1	2	3− 5	14+ 8
6− 8	17+ 5	12× 1	4	3	4− 7	2	6
2	8	4	175× 7	5	3	1− 6	2÷ 1
6× 1	6	11+ 3	5	4− 8	4	7	2
7+ 5	2	8	24× 1	13+ 7	6	2÷ 4	2− 3
2÷ 3	10+ 7	2	6	4	4− 1	8	5
6	1	1− 7	8	192× 2	5	2− 3	11+ 4
60× 4	3	5	2	6	8	1	7

248

7− 1	160× 8	4	3÷ 3	2− 5	17+ 7	6	3÷ 2
8	10+ 2	5	1	3	4	13+ 7	6
4− 7	1	6− 8	2	18+ 4	6	5	1− 3
3	7	6 6	26+ 5	15+ 2	8	1	4
10+ 5	3	2	8	6	24× 1	3− 4	7
2− 2	4÷ 4	1	6	7	3	8	4− 5
4	2÷ 6	3	7	16× 8	3− 5	2	1
1− 6	5	11+ 7	4	1	2	5− 3	8

249

128× 8	2	1− 5	4	3× 1	3	22+ 7	6
2	4	20+ 8	5	7	1	6	3
15× 5	1	48× 2	3	2− 4	6	2÷ 8	2− 7
1	3	10+ 6	8	210× 2	7	4	5
168× 7	6	4	42× 2	3	5	4− 1	8× 8
4	15+ 8	3	7	3÷ 6	2	5	1
90× 3	7	12+ 1	6	5	256× 8	48× 2	4
6	5	6− 7	1	8	4	3	2

250

3− 7	4	30× 6	5	1	12+ 2	5− 8	3
16+ 5	7	18× 3	2	3− 8	6	4	9+ 1
4	2÷ 1	2	3	5	13+ 7	6	8
15+ 2	8	5	15+ 7	7+ 3	4	5− 1	6
420× 1	5	4	8	2÷ 6	3	14× 7	2
20+ 6	3	7	6+ 1	2÷ 4	6− 8	2	2− 5
8	6	1	4	2	15× 5	3	7
5+ 3	2	21+ 8	6	7	1	1− 5	4

251

48× 8	1− 6	7	5− 2	8+ 3	160× 1	4	5 5
6	8 8	3× 1	7	2	3	5	2÷ 4
1− 5	4	3	1	1− 7	6	8	2
2÷ 4	7− 1	8	1− 6	17+ 5	7	2	3
2	2÷ 3	6	5	2÷ 8	4	6− 1	7
2− 7	5	60× 4	3	2÷ 1	2	21+ 6	15+ 8
3÷ 3	11+ 2	5	2÷ 4	2− 6	8	7	1
1	7	2	8	4 4	5	3	6

252

13+ 7	1− 6	4÷ 1	4	3+ 2	80× 5	19+ 8	3
6	5	4− 7	3	1	4	2	8
2÷ 8	1− 7	1− 3	25× 1	5	2	144× 4	6
4	8	2	5	4− 7	3 3	6	2÷ 1
3÷ 1	4÷ 4	1− 6	96× 8	3	1− 7	16+ 5	2
3	1	5	2	6	8	7	4
7+ 2	5+ 3	1− 8	7	4− 4	6× 6	1	105× 5
5	2	10+ 4	6	8	1	3	7

253

1− 4	5	18+ 7	8	2× 1	2	2÷ 6	3
42× 6	7	3	8+ 4	14+ 8	1	7+ 5	2
8+ 5	1− 1	2	3	4	1− 6	7	1− 8
3	3− 6	7− 8	1	2	800× 5	2÷ 4	7
6− 8	3	1	1− 6	7	4	2	15× 5
2	4 4	1− 6	7	5	8	3	1
6− 1	4÷ 2	9+ 4	5	4− 3	7	7− 8	2− 6
7	8	180× 5	2	6	3	1	4

254

4÷ 8	84× 7	3− 6	3	2÷ 4	2	6+ 1	5
2	4	7− 8	1− 5	21× 7	3	6× 6	1
2− 7	3	1	6	8+ 5	10+ 4	6− 2	1− 8
5	2÷ 1	2÷ 2	4	3	6	8	7
6× 6	2	3− 4	7	7− 1	15+ 8	1− 5	108× 3
1	19+ 5	4− 3	1− 2	8	7	4	6
1− 4	8	7	1	1− 6	5	3	2
3	6	3− 5	8	1− 2	1	28× 7	4

255

56× 2	3− 8	5	3− 4	7	14+ 3	6	8× 1
7	4	2− 3	3÷ 2	6	5	1	8
30× 5	6	1	24× 8	3	14× 7	20× 4	5+ 2
4÷ 4	21+ 7	8	6	3+ 1	2	5	3
1	16+ 5	4	7	2	7− 8	5− 3	1− 6
3− 6	3	3÷ 2	9+ 5	4	1	8	7
48× 3	2	6	7− 1	8	48× 4	16+ 7	5
8	6− 1	7	15× 3	5	6	2	4

256

4− 1	3− 7	4	13+ 8	5	36× 2	3	6
5	13+ 6	7	15+ 2	8	3÷ 1	1− 4	3
14+ 6	5	1	4	3− 7	3	4÷ 2	8
3	3+ 1	2	2÷ 6	4	15+ 8	7	3− 5
12+ 7	2− 8	6	3	7+ 1	20× 4	5	2
2	3	25× 5	1	6	1− 7	4− 8	4
2÷ 8	1− 4	3	5	42× 2	6	8+ 1	7
4	6− 2	8	7	3	12+ 5	6	1

257

6	3	1	7	8	2	4	9	5
4	9	7	3	6	1	2	5	8
5	6	2	4	3	7	9	8	1
1	2	6	8	9	3	5	7	4
7	1	3	9	4	5	8	6	2
2	7	9	1	5	8	6	4	3
9	4	8	5	2	6	3	1	7
8	5	4	2	7	9	1	3	6
3	8	5	6	1	4	7	2	9

258

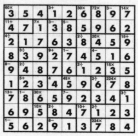

3	5	4	1	2	6	8	9	7
4	7	1	3	8	5	9	6	2
2	1	7	6	3	8	4	5	9
8	3	9	2	7	4	5	1	6
9	4	8	7	6	1	2	3	5
1	2	3	4	5	9	6	7	8
7	8	6	5	9	2	3	4	1
6	9	5	8	4	7	1	2	3
5	6	2	9	1	3	7	8	4

259

1	8	2	3	7	4	6	5	9
7	1	3	2	8	9	4	6	5
4	7	5	8	2	1	9	3	6
6	9	1	7	4	8	5	2	3
8	2	7	5	9	6	3	1	4
9	5	6	4	3	7	2	8	1
5	4	8	6	1	3	7	9	2
2	3	4	9	6	5	1	7	8
3	6	9	1	5	2	8	4	7

260

2	9	8	5	6	1	7	3	4
4	3	9	6	1	5	8	7	2
8	6	7	9	2	3	4	1	5
3	8	4	1	5	2	6	9	7
5	4	6	7	9	8	3	2	1
9	5	1	3	8	7	2	4	6
7	2	3	8	4	6	1	5	9
6	1	5	2	7	4	9	8	3
1	7	2	4	3	9	5	6	8

261

9	8	3	5	1	7	4	6	2
4	5	6	8	9	3	2	1	7
7	9	2	3	5	4	1	8	6
2	7	5	4	3	1	6	9	8
3	4	7	9	6	8	5	2	1
6	3	9	1	2	5	8	7	4
8	2	1	6	7	9	3	4	5
1	6	4	7	8	2	9	5	3
5	1	8	2	4	6	7	3	9

262

5	4	1	8	9	7	2	6	3
2	3	7	9	6	4	5	8	1
7	8	9	3	1	6	4	2	5
4	2	8	1	3	9	6	5	7
9	5	6	7	4	1	8	3	2
6	1	2	4	7	5	3	9	8
8	6	4	2	5	3	7	1	9
1	7	3	5	8	2	9	4	6
3	9	5	6	2	8	1	7	4

263

1	6	8	9	3	2	4	5	7
3	5	2	1	6	7	9	8	4
4	8	9	3	1	5	6	7	2
5	9	3	7	2	1	8	4	6
6	4	7	8	5	9	1	2	3
9	1	5	6	7	4	2	3	8
8	2	6	4	9	3	7	1	5
7	3	1	2	4	8	5	6	9
2	7	4	5	8	6	3	9	1

264

6	8	3	7	4	1	2	9	5
1	2	6	4	8	3	7	5	9
2	1	8	6	5	4	9	7	3
4	6	2	8	3	9	5	1	7
7	5	4	1	9	6	8	3	2
8	4	9	2	7	5	3	6	1
9	3	7	5	2	8	1	4	6
3	7	5	9	1	2	6	8	4
5	9	1	3	6	7	4	2	8

265

[7] 7	[2÷] 4	8	[3−] 3	[3+] 2	1	[54×] 6	9	[12+] 5
[3+] 2	[8−] 1	9	6	[20×] 5	4	[5−] 3	8	7
1	[18+] 8	3	7	[168×] 4	[10×] 2	5	[324×] 6	9
[5−] 3	[45×] 9	5	[1] 1	7	[64×] 8	4	2	6
8	[3−] 7	4	[17+] 9	6	[210×] 5	[6−] 1	[3] 3	[24×] 2
[60×] 5	[2÷] 2	1	8	[8−] 9	6	7	4	3
4	3	[3÷] 6	2	1	7	[17+] 9	[280×] 5	8
[15+] 6	[1−] 5	[5−] 2	[1−] 4	[3÷] 3	9	8	7	1
9	6	7	5	[24×] 8	3	[2] 2	[4÷] 1	4

266

[168×] 4	[17+] 9	8	[45×] 5	3	[3+] 1	[15+] 6	2	7
7	6	[3+] 1	3	[17+] 8	2	[12+] 5	[5−] 4	9
[7−] 1	8	2	[3÷] 6	5	4	7	[3÷] 9	3
[6−] 3	[8+] 1	7	2	[13+] 6	[270×] 9	[160×] 4	8	5
9	[3−] 4	[3÷] 3	[1] 1	7	6	[7+] 2	5	[48×] 8
[80×] 2	7	9	[36×] 4	[2÷] 1	5	[24×] 8	3	6
8	[3−] 5	[10+] 4	9	2	[126×] 7	3	6	[1] 1
5	2	6	[17+] 8	9	[11+] 3	[8+] 1	7	[2÷] 4
[14+] 6	3	5	[11+] 7	4	8	[8−] 9	1	2

267

[25+] 4	7	[8−] 9	[5−] 6	1	[6×] 3	2	[80×] 5	8
5	[5+] 3	1	[1728×] 9	6	8	4	2	[6−] 7
9	2	[3] 3	[140×] 7	[1−] 5	4	[2−] 6	8	1
[11+] 3	8	4	5	[126×] 9	2	[2−] 7	[5−] 1	[2÷] 6
[4÷] 2	[4−] 9	[19+] 8	4	7	[5−] 1	5	6	3
8	5	7	[3+] 1	2	6	[9+] 3	[15+] 4	9
[6−] 7	[48×] 4	6	[5−] 3	8	5	1	[9] 9	2
1	[6] 6	2	[4÷] 8	[28×] 4	7	[27+] 9	3	[1−] 5
[12+] 6	1	5	2	[3÷] 3	9	8	7	4

268

[2÷] 4	2	[4−] 3	7	[8−] 9	1	[2÷] 8	[1−] 6	5
[21×] 3	7	1	[168×] 6	[4÷] 2	8	4	[14+] 5	9
[4−] 5	1	7	4	[192×] 8	[2] 2	[3÷] 9	3	[4−] 6
[144×] 8	[144×] 4	9	1	3	[13+] 6	[70×] 5	7	2
9	[11+] 5	4	8	[4÷] 1	7	[18×] 6	2	[168×] 3
2	6	[40×] 8	5	4	[1−] 3	1	[8−] 9	7
[42×] 7	[3÷] 9	[11+] 5	[3÷] 2	6	4	3	1	8
1	3	6	[9] 9	[17+] 7	5	[22+] 2	[32×] 8	4
6	[13+] 8	2	3	5	9	7	4	1

269

[4−] 7	[8−] 9	[2−] 3	5	[540×] 6	[3+] 1	2	[2÷] 8	4
3	1	[2÷] 8	9	2	[16+] 6	[240×] 5	[28×] 4	7
[3+] 1	[17+] 3	4	[2−] 2	5	7	6	[17+] 9	8
2	5	9	4	[2−] 1	3	8	[1−] 7	6
[18+] 8	4	6	[1] 1	3	[4÷] 2	[378×] 7	[45×] 5	9
[2−] 4	2	[2÷] 1	[2÷] 3	[15+] 7	8	9	6	[2−] 5
[18+] 5	7	2	6	8	[4−] 9	[4÷] 4	1	3
[9] 9	6	[12+] 7	[2÷] 8	4	5	[3÷] 1	[5+] 3	2
[2−] 6	8	5	[252×] 7	9	4	3	[1−] 2	1

270

[5−] 8	[6×] 3	[3−] 7	[1−] 5	4	[8−] 1	9	[3÷] 6	2
3	2	4	[8−] 1	9	[26+] 7	8	5	6
[8−] 1	9	[3÷] 3	[5−] 7	2	[12+] 4	[30×] 6	[2÷] 8	[2−] 5
[13+] 7	6	9	[7−] 8	1	2	5	4	3
[140×] 4	7	[16+] 5	9	[17+] 3	6	[3+] 2	[8×] 1	8
5	[32×] 4	2	6	8	[21+] 3	1	[441×] 7	9
[25+] 6	1	8	[1−] 2	5	9	4	[16+] 3	7
2	8	[12+] 1	3	[17+] 6	[40×] 5	[10+] 7	9	4
9	5	6	4	7	8	3	[1−] 2	1

271

[10×] 2	[4÷] 1	[2÷] 4	[1−] 6	5	[18+] 7	8	3	[9] 9
5	4	2	[5−] 7	[1−] 3	[8−] 9	[8+] 1	[2−] 6	8
[17+] 9	[1−] 6	[30×] 5	2	4	1	7	[5−] 8	3
8	7	6	[9+] 4	2	3	[15×] 5	[8−] 9	1
[1−] 4	5	[8−] 9	1	[2−] 6	8	3	[5−] 2	7
[4−] 7	[1−] 8	[135×] 3	5	9	[6] 6	[2÷] 2	[4−] 1	[24×] 4
3	9	[56×] 7	8	[7+] 1	2	4	5	6
[4−] 6	2	[18+] 1	[24×] 3	8	4	[15+] 9	[2−] 7	5
[3÷] 1	3	8	9	[2−] 7	5	6	[2÷] 4	2

272

[8−] 1	9	[1−] 3	4	[40×] 8	[4÷] 2	[20+] 6	7	5
[2÷] 4	[35×] 5	7	[8−] 9	1	8	[2÷] 3	6	2
8	[14+] 3	2	1	5	[24×] 4	[315×] 7	9	[48×] 6
[2÷] 2	4	9	[12+] 7	3	6	5	1	8
[3÷] 9	[7+] 6	[14+] 8	2	[315×] 7	5	[2−] 1	3	[28×] 4
3	1	5	[2÷] 6	[17+] 4	9	[2÷] 8	[15+] 2	7
[3−] 5	2	1	3	6	7	4	8	[8−] 9
[13+] 6	7	[2−] 4	[22+] 8	9	[54×] 3	2	5	1
[1−] 7	8	6	5	[3+] 2	1	9	[7+] 4	3

273

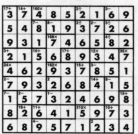

```
3 7 4 8 5 2 1 6 9
5 4 8 1 9 3 7 2 6
9 3 1 7 4 6 5 8 2
2 1 5 6 8 9 3 4 7
4 6 2 9 3 7 8 5 1
7 9 3 2 6 8 4 1 5
1 5 7 3 2 4 6 9 8
8 2 6 4 1 5 9 7 3
6 8 9 5 7 1 2 3 4
```

274

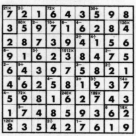

```
7 2 1 6 4 3 5 9 8
3 5 9 7 1 6 2 8 4
2 8 7 3 9 4 1 5 6
9 1 6 2 3 8 4 7 5
6 4 3 9 7 5 8 2 1
4 6 2 5 8 1 9 3 7
5 9 8 1 6 2 7 4 3
1 7 4 8 5 9 3 6 2
8 3 5 4 2 7 6 1 9
```

275

```
8 9 6 4 3 1 5 7 2
3 6 1 7 2 8 9 5 4
4 7 5 3 1 9 6 2 8
2 3 4 6 5 7 1 8 9
6 2 8 1 4 5 7 9 3
5 1 3 2 9 4 8 6 7
9 5 7 8 6 2 4 3 1
1 8 9 5 7 3 2 4 6
7 4 2 9 8 6 3 1 5
```

276

```
8 1 6 2 4 5 7 3 9
4 8 1 3 2 6 5 9 7
6 3 2 7 5 4 9 1 8
7 6 8 9 1 3 2 5 4
5 4 9 1 7 8 3 6 2
3 9 7 6 8 2 1 4 5
1 2 3 5 9 7 4 8 6
2 5 4 8 3 9 6 7 1
9 7 5 4 6 1 8 2 3
```

277

```
2 7 6 1 8 9 3 5 4
7 4 8 2 1 6 5 3 9
4 2 7 9 5 3 6 8 1
5 3 2 6 9 1 8 4 7
1 6 9 8 3 4 7 2 5
6 9 4 3 7 5 2 1 8
3 1 5 7 4 8 9 6 2
8 5 3 4 2 7 1 9 6
9 8 1 5 6 2 4 7 3
```

278

```
8 7 5 1 6 2 3 4 9
6 5 1 8 9 4 2 3 7
1 6 8 9 2 3 7 5 4
9 2 6 4 3 5 8 7 1
7 8 4 3 5 9 1 6 2
2 4 9 5 1 7 6 8 3
4 1 3 6 7 8 9 2 5
5 3 2 7 8 1 4 9 6
3 9 7 2 4 6 5 1 8
```

279

```
1 4 8 3 5 6 9 2 7
7 1 2 6 8 9 4 3 5
3 9 5 2 4 8 1 7 6
8 7 4 1 2 3 5 6 9
4 8 7 9 3 5 6 1 2
5 6 1 4 9 2 7 8 3
9 3 6 8 1 7 2 5 4
2 5 3 7 6 4 8 9 1
6 2 9 5 7 1 3 4 8
```

280

```
6 7 5 3 1 8 4 9 2
5 9 4 6 8 3 1 2 7
7 4 9 1 2 5 6 3 8
2 8 1 4 6 9 3 7 5
3 6 8 9 4 2 7 5 1
4 2 7 8 9 6 5 1 3
1 5 3 2 7 4 8 6 9
9 1 6 5 3 7 2 8 4
8 3 2 7 5 1 9 4 6
```

281

3	6	4	2	8	5	1	9	7
6	3	2	7	9	8	5	4	1
2	1	7	8	3	6	4	5	9
8	2	3	9	5	4	7	1	6
4	9	1	3	2	7	6	8	5
1	4	8	5	6	2	9	7	3
5	7	6	4	1	9	8	3	2
7	5	9	1	4	3	2	6	8
9	8	5	6	7	1	3	2	4

282

6	2	5	3	4	8	9	1	7
7	3	1	2	8	9	5	4	6
8	9	7	4	1	3	6	5	2
5	7	3	6	9	2	1	8	4
2	6	9	8	3	1	4	7	5
1	8	4	7	6	5	3	2	9
9	5	2	1	7	4	8	6	3
3	4	8	5	2	6	7	9	1
4	1	6	9	5	7	2	3	8

283

2	6	3	7	1	8	9	4	5
6	3	5	9	8	4	7	2	1
8	4	1	2	6	3	5	7	9
1	7	6	3	2	5	8	9	4
4	8	7	6	5	9	2	1	3
5	1	2	4	9	6	3	8	7
9	2	4	1	3	7	6	5	8
3	9	8	5	7	1	4	6	2
7	5	9	8	4	2	1	3	6

284

4	8	7	6	1	3	2	9	5
6	2	9	8	7	4	5	3	1
8	1	3	5	2	6	4	7	9
1	6	8	7	3	2	9	5	4
7	5	2	9	4	1	3	6	8
5	4	6	2	8	9	7	1	3
3	9	5	4	6	7	1	8	2
9	3	4	1	5	8	6	2	7
2	7	1	3	9	5	8	4	6

285

6	1	8	2	7	9	4	5	3
5	7	4	3	2	1	6	9	8
4	8	5	1	6	7	3	2	9
3	6	9	4	1	2	8	7	5
7	3	2	9	4	5	1	8	6
9	4	6	7	3	8	5	1	2
8	5	7	6	9	3	2	4	1
2	9	1	8	5	6	7	3	4
1	2	3	5	8	4	9	6	7

286

6	8	3	7	1	4	2	9	5
5	4	9	3	8	6	7	2	1
9	3	4	5	2	1	6	7	8
4	6	7	8	9	2	1	5	3
7	2	8	1	3	5	4	6	9
3	5	1	9	6	7	8	4	2
8	9	2	6	4	3	5	1	7
2	1	5	4	7	8	9	3	6
1	7	6	2	5	9	3	8	4

287

4	7	3	8	9	2	5	6	1
6	2	4	5	8	7	3	1	9
8	1	5	7	2	3	9	4	6
7	9	8	4	1	5	6	2	3
9	4	2	1	7	6	8	3	5
1	6	9	3	5	4	2	7	8
5	8	6	2	3	1	7	9	4
2	3	1	9	6	8	4	5	7
3	5	7	6	4	9	1	8	2

288

7	8	5	1	9	6	4	2	3
6	4	1	2	7	9	5	3	8
4	7	9	5	1	8	3	6	2
8	3	4	6	2	5	9	1	7
1	2	3	8	5	7	6	4	9
3	9	7	4	8	2	1	5	6
2	1	6	9	3	4	7	8	5
5	6	8	7	4	3	2	9	1
9	5	2	3	6	1	8	7	4

289

7	9	8	4	2	1	3	6	5
5	3	9	2	4	7	8	1	6
8	2	4	3	5	6	1	7	9
1	7	6	9	3	5	4	8	2
4	5	7	1	6	2	9	3	8
6	1	2	8	7	9	5	4	3
3	8	5	7	9	4	6	2	1
9	4	3	6	1	8	2	5	7
2	6	1	5	8	3	7	9	4

290

9	7	8	3	4	5	2	6	1
5	9	4	2	3	7	1	8	6
3	8	7	9	1	4	6	2	5
4	5	1	6	2	3	7	9	8
2	1	6	8	7	9	5	3	4
6	3	5	7	8	1	9	4	2
8	6	9	4	5	2	3	1	7
7	2	3	1	6	8	4	5	9
1	4	2	5	9	6	8	7	3

291

5	3	6	7	8	4	9	1	2
6	8	9	5	1	7	3	2	4
2	1	3	4	5	8	6	7	9
9	5	4	2	6	3	7	8	1
4	7	2	9	3	5	1	6	8
7	9	8	3	4	1	2	5	6
8	4	1	6	2	9	5	3	7
1	2	5	8	7	6	4	9	3
3	6	7	1	9	2	8	4	5

292

2	4	8	9	3	1	5	6	7
3	5	2	1	4	6	8	7	9
6	9	7	4	5	8	1	3	2
5	2	9	6	8	3	7	4	1
8	3	4	7	6	2	9	1	5
1	7	6	3	9	5	4	2	8
7	8	3	5	1	4	2	9	6
9	6	1	8	2	7	3	5	4
4	1	5	2	7	9	6	8	3

293

9	2	6	8	7	4	3	5	1
1	9	4	7	6	3	2	8	5
8	5	2	6	4	1	7	9	3
6	8	9	3	5	2	4	1	7
7	3	5	2	1	9	8	6	4
4	7	8	5	9	6	1	3	2
2	4	1	9	3	5	6	7	8
3	6	7	1	2	8	5	4	9
5	1	3	4	8	7	9	2	6

294

1	6	2	7	3	8	9	4	5
3	1	9	4	7	5	8	2	6
8	3	4	6	5	9	2	7	1
2	8	3	5	1	7	6	9	4
5	9	7	8	2	4	1	6	3
4	5	8	2	9	6	3	1	7
9	4	1	3	6	2	7	5	8
7	2	6	1	4	3	5	8	9
6	7	5	9	8	1	4	3	2

295

1	8	6	7	3	2	9	4	5
5	3	8	6	7	9	1	2	4
8	9	3	5	4	1	7	6	2
3	6	9	4	8	5	2	1	7
6	1	2	3	9	7	4	5	8
4	5	1	9	2	6	8	7	3
2	7	5	1	6	4	3	8	9
7	2	4	8	5	3	6	9	1
9	4	7	2	1	8	5	3	6

296

9	3	7	2	6	1	5	8	4
4	2	1	7	5	6	9	3	8
6	9	2	1	7	8	3	4	5
3	4	8	9	1	2	7	5	6
5	6	3	8	9	7	4	2	1
8	5	9	4	2	3	6	1	7
2	8	5	6	4	9	1	7	3
7	1	4	3	8	5	2	6	9
1	7	6	5	3	4	8	9	2

297

6+ 5	1	252× 7	4	9	3÷ 2	6	20+ 8	3
10+ 4	3	560× 5	2	30+ 6	7	8	9	1
3	9 9	1	7	8	1− 5	4	2	6
224× 7	54× 6	9	32× 1	4	8	6× 2	3	8+ 5
8	4	84× 3	35× 5	7	6 6	28+ 9	1	2
1	7	4	54× 9	2	3	5	6	8
108× 2	40× 5	8	23+ 6	3	27× 9	3− 1	4	20+ 7
9	96× 2	6	8	20× 5	1	3	19+ 7	4
6	8	2	3	1	4	7	5	9

298

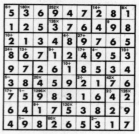

6+ 5	180× 3	6	252× 9	4	7	14+ 2	8	8× 1
1	2	5	126× 3	7	6	4	9 9	8
10+ 2	1	3	4	4÷ 8	27+ 9	7	6	5
24+ 8	13+ 6	7	9+ 1	2	17+ 4	4− 9	5	10+ 3
9	7	2	6	10+ 1	8	5	3	4
5− 3	8	20× 4	5	9	2÷ 2	1	42× 7	6
17+ 7	1− 5	1296× 9	8	3	1	6	2÷ 4	126× 2
6	4	8+ 1	7	120× 5	3	8	2	9
4	1− 9	8	60× 2	6	5	2− 3	1	7

299

3÷ 1	3	252× 7	216× 9	8	24+ 5	2	48× 6	4
280× 5	1	4	3	1− 6	7	9	8	2
8	7	9	23+ 2	5	4	2÷ 6	9+ 1	3
12+ 6	20× 4	5	7	7− 1	8	3	2	35+ 9
4	3÷ 6	2	5	8− 9	1	7 7	3	8
2	3− 9	6	288× 8	12× 4	3	7− 1	11+ 7	5
315× 9	5	24× 1	6	3	2	8	4	7
7	8 8	3	28× 1	7− 2	9	20+ 4	5	6
6× 3	2	8	4	7	6	5	8− 9	1

300

3456× 8	2÷ 2	4	540× 3	9	5	80× 1	22+ 7	6
3	6	8+ 2	5	1	4	8	9	4− 7
6	4	24+ 9	7	8	2	5	10+ 1	3
2− 5	3	112× 8	2	7	54× 9	6	4	11+ 1
30+ 9	7	6	8	4− 5	1	84× 4	3	2
10+ 1	9	30× 5	24× 6	4	7	3	2	8
13+ 7	5	3	1	2	1008× 8	9	2160× 6	20× 4
2÷ 4	1	16+ 7	36× 9	3 3	15+ 6	2	8	5
2	8	1	4	6	3	7	5	9

301

11+ 2	4	42× 6	7	8− 1	9	2− 5	168× 8	3
5	7− 2	12+ 8	1	5− 9	4	3	7	18+ 6
5184× 4	9	3	270× 6	4÷ 8	3− 5	2	1	7
8	24× 1	5	9	2	84× 6	4− 7	3	4
6	3	2÷ 1	3− 4	7	2	1− 8	9	5 5
3	8	2	15× 5	9+ 4	7	54× 9	6	20+ 1
9	13+ 6	56× 7	3	5	4÷ 1	4	2	8
35× 1	7	4	2	5− 3	8	240× 6	5	9
7	5	1− 9	8	2÷ 6	3	1	4	2

302

216× 9	6	4	8− 1	15+ 7	2	120× 8	5	3
3− 4	6× 1	2	9	17+ 5	6	5− 7	120× 3	8
7	252× 4	3	14+ 6	9	2÷ 8	2	8+ 1	5
3÷ 6	9	7	8	3	4	5	2	4÷ 1
2	2− 3	2160× 5	5− 7	2− 6	8− 9	6× 1	2÷ 8	4
2− 3	5	9	2	8	1	6	4	14× 7
5	8	6	10+ 4	1	3	2− 9	7	2
16+ 8	7	1	24+ 3	2	5	36× 4	9	6 6
2÷ 1	2	8 8	5	4	7	18+ 3	6	9

303

72× 6	840× 5	2	3	7	4	8− 1	9	23+ 8
4	3	17+ 8	35× 5	7− 1	2400× 2	1− 7	6	9
12+ 3	18+ 2	9	7	8	5	6	24× 1	10+ 4
7	9	2− 4	6	5	8	16+ 2	3	1
2	7	6	224× 1	28+ 4	8− 9	3	8	5
3− 5	8	7	4	6	1	9	2	2÷ 3
8	18+ 1	3	2	9	7	1− 5	4	6
8− 1	24× 4	5	9	144× 3	6	8	2− 7	5− 2
9	6	1	48× 8	2	3	4 4	5	7

304

6 6	8− 1	9	5− 2	20× 4	5	6− 3	1344× 8	7
360× 3	5	8	7	5− 1	14× 2	9	4	6
9+ 8	3	12+ 1	9	6	7	1− 4	5	15+ 2
1	30+ 7	2	15× 3	5	48× 6	8	9	4
15+ 2	8	6 6	2− 5	7	4÷ 4	1	3÷ 3	9
9	6	2− 5	12× 4	3	1− 8	7	8+ 2	1
4	9	7	48× 1	1− 8	3÷ 3	4− 2	6	5
40× 5	2	4	8	9	1	1− 6	21× 7	3
14+ 7	4	3	6	18× 2	9	5	1	8 8

305

30× 5	6	22+ 2	9	3	7	1	896× 4	8
4− 3	72× 9	24× 6	4	240× 8	5	2	2÷ 1	7
7	8	1	27+ 6	4− 5	21+ 9	3	2	4
2÷ 6	3	5	7	9	1	4	4÷ 8	2
3− 8	5	9	8× 1	2	4	7	2÷ 6	3
15+ 2	1	3	5	4	3024× 8	9	7	6
192× 4	2	8	3	1260× 7	6	5	10+ 9	1
8− 9	112× 7	4	112× 8	1	5+ 2	2÷ 6	3	19+ 5
1	4	7	2	6	3	8 8	5	9

306

3+ 2	1	17+ 6	17+ 8	5	3	288× 9	4	63× 7
2− 3	9+ 2	7	4	1	8+ 5	6 6	8	9
5	7	2− 8	6	12× 4	1	2	180× 9	1− 3
336× 8	42× 6	1	7	3	21+ 9	4	5	2
6	2− 5	3	8− 1	9	4	18+ 7	4÷ 2	8
7	72× 4	9	2	3÷ 6	8	1	3	4− 5
5− 4	11+ 3	4− 5	9	2	16+ 6	8	7	1
9	8	24× 4	3	392× 7	2	15+ 5	1	10+ 6
8− 1	9	2	5 5	8	7	3	6	4

307

2− 1	3	360× 9	8	5	3− 4	7	3÷ 2	6
12+ 5	4	3	14+ 6	1	7	19+ 8	9	2
25+ 8	2	2− 5	3	17+ 7	6	4	56× 1	9 9
9	6	15+ 2	5	4	3	1	7	8
72× 6	72× 9	8	3− 4	3 3	2÷ 1	10× 2	5	13+ 7
4	2− 8	6	7	144× 9	2	2− 5	3	1
3	6− 1	7	8− 9	2	28+ 8	10+ 6	4	5
5− 2	28× 7	4	1	8	5	9	6	7+ 3
7	4− 5	1	108× 2	6	9	11+ 3	8	4

308

4− 1	5	189× 9	7	3	192× 4	8	13+ 6	2
384× 4	3÷ 3	4÷ 2	8	8− 9	1	6	5	105× 7
8	9	25+ 4	6× 1	6	9+ 7	2	3	5
6	192× 4	3	5 5	16× 8	2	1	126× 7	36× 9
2	8	6	7+ 3	1 1	2− 5	7	9	4
2− 3	6	5	4	24+ 7	8	9	2	1
5	10+ 1	7	4− 6	2	3÷ 9	3	18+ 4	8
7	2	72× 8	9	1− 4	3	600× 5	24× 1	6
2− 9	7	1− 1	2	5	6	4	8	3

309

4÷ 8	2− 5	3	5− 2	7	24× 1	6	4	18+ 9
2	17+ 4	24+ 9	7	8	20+ 5	1	3	6
5	8	16+ 1	9	4	7	3÷ 2	6	3
8− 9	6× 3	6	3− 5	2	23+ 8	840× 7	6− 1	16+ 4
1	2	288× 4	8	9	6	3	7	5
756× 3	1	84× 2	24× 4	6	9	8	5	7
4	9	7	6	6× 1	3	3− 5	2	7− 8
1− 6	7	120× 8	3	5	2	5− 4	9	1
7	1− 6	5	3÷ 1	3	5− 4	9	4÷ 8	2

310

26+ 7	9	12× 4	14+ 8	6	4− 1	5	5+ 3	2
4	6	3	18+ 9	2	40× 5	15+ 8	7	8− 1
2÷ 1	2	1− 5	6	7	8	12× 3	4	9
3 3	23+ 7	8− 9	1	14+ 4	48× 2	14+ 6	8	15× 5
8	5	96× 6	7 7	9	4	2÷ 1	2	3
360× 5	3	8	2	1	6	36× 4	9	336× 7
9	4	3÷ 1	3	17+ 8	21× 7	3− 2	5	6
2	48× 1	5− 7	4	5	3	15+ 9	6	8
6	8	2	2− 5	3	2− 9	7	4÷ 1	4

311

4÷ 2	8	840× 5	1	7	4	6	6− 3	9
2÷ 3	6	24+ 7	11+ 2	3− 1	270× 5	28× 4	17+ 9	8
6+ 1	5	8	6	4	9	7	6× 2	3
18+ 5	7	9	3	24+ 2	6	1	160× 8	4
6	3	4	7	8	12+ 2	9	1	5
5− 4	2÷ 2	30+ 6	8	9	7	12+ 3	5	8+ 1
9	1	2 2	21+ 5	1− 6	3÷ 3	640× 8	4	7
24+ 8	9	8+ 3	4	5	1	2	21+ 7	6
7	4	1	9	3	8	5	6	2

312

1− 5	30+ 7	8	6	9	2÷ 4	2	3÷ 1	3
4	1890× 5	3	7	2 2	34+ 6	8	54× 9	8+ 1
9	2	5	8	4	3	1	6	7
6 6	8− 1	9	18+ 4	30× 5	24+ 8	588× 7	1440× 3	2
2÷ 1	6× 3	2	5	6	9	4	7	8
2	2÷ 8	4	9	1	7	3	5	6
22+ 7	6	6+ 1	2	3	21+ 5	288× 9	8	1− 4
5− 3	9	6− 7	1	8	2	6	4	5
8	504× 4	6	3	7	6+ 1	5	7− 2	9

313

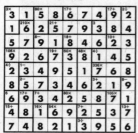

3× 3	1	80× 5	8	17+ 6	7	4	17+ 9	2÷ 2
1	210× 6	2	21+ 5	7	9	3 3	8	4
5	7	8− 9	1	18+ 8	4	6	10+ 2	3
108× 9	2	6	19+ 7	60× 3	48× 8	4÷ 1	4	5
4÷ 2	1− 3	4	9	5	1	336× 7	6	8
8	2− 5	7	3	4	6	3+ 2	1	8− 9
6 6	17+ 9	7+ 3	4	80× 2	5	8	105× 7	1
15+ 4	8	16× 1	54× 6	9	7+ 2	5	3	13+ 7
7	4	8	2	1	3÷ 3	9	5	6

314

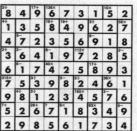

2÷ 8	4	17+ 9	126× 6	7	3	1	10× 5	2
4÷ 1	3	5	16+ 8	19+ 4	9	3÷ 6	2	56× 7
4	5− 7	2	3	5	6	8− 9	1	8
2÷ 3	2− 6	4	8− 1	9	112× 7	2	8	2− 5
6	6− 1	7	40× 4	2	5	17+ 8	9	3
315× 7	5	3÷ 3	9	5− 8	2÷ 2	4	36× 6	1
9	4÷ 8	2÷ 1	2	3	160× 4	5	3− 7	6
7+ 5	2	28+ 6	7 7	6× 1	8	63× 3	4	5− 9
2	9	8	5	6	1	7	3	4

315

3÷ 2	6	17+ 8	315× 9	5	17+ 3	12+ 1	4	7
48× 3	2	9	7	8− 1	6	8	25× 5	2÷ 4
7 7	8	2÷ 3	6	9	2÷ 4	5	1	2
16× 4	20+ 9	5	1 1	224× 7	8	3÷ 6	2	15× 3
1	4	6	15× 3	8	5− 7	2	9 9	5
15+ 6	6× 3	2	5	4	8− 9	1− 7	8	1
9	25× 5	3− 7	4	11+ 2	1	16+ 3	6	2− 8
5	1	4÷ 4	6− 8	3	16+ 2	9	7	6
15+ 8	7	1	2	6	5	18+ 4	3	9

316

18+ 5	3	280× 7	72× 2	4	9	19+ 1	144× 6	8
6	4	5	8	9	7	2	1	3
49× 1	7	1− 3	80× 5	2	8	3− 6	36× 4	9
7	20× 2	4	672× 3	2− 8	6	9	21+ 5	1
2	5	8	4	5− 6	15× 1	3	9	7
2÷ 4	7− 9	2	7	1	5	5− 8	3	3÷ 6
8	8− 1	9	25+ 6	5	3	4	7	2
3÷ 3	48× 6	5− 1	63× 9	7	2÷ 2	2− 5	4÷ 8	20× 4
9	8	6	1	3 3	4	7	2	5

317

17+ 9	8	11+ 2	3	6	20+ 4	7	5× 1	5
140× 5	7	1− 6	17+ 8	9	2	3	4	1
4	3+ 2	7	2− 5	3	8− 9	1	1296× 6	8
96× 6	1	3− 4	7	4÷ 2	8	20+ 5	9	42× 3
8	5 5	3− 1	4	13+ 7	6	9	3	2
2	20+ 9	6+ 5	1	1− 4	3	6	24+ 8	7
3	4	1− 8	7+ 6	1	3− 5	2	7	9
1	3	9	4÷ 2	8	7 7	18+ 4	5	12+ 6
1− 7	6	17+ 3	9	5	1	8	2	4

318

8− 1	9	22+ 6	3	5	2÷ 4	2	392× 7	8
3÷ 6	6+ 3	2	1	8	4− 5	9	16× 4	7
2	4÷ 8	36× 9	11+ 5	6	18+ 3	7	1	4
315× 5	2	4	63× 7	7+ 1	8	19+ 6	6− 9	3
7	1− 4	3	9	2	1	5	8 8	60× 6
9	6− 1	140× 7	4	3	36× 6	8	5	2
1− 4	7	5	17+ 8	9	2	3	9+ 6	1
3	20+ 5	8	6	56× 4	6− 7	1	2	135× 9
2− 8	6	1	2	7	5− 9	4	3	5

319

6+ 5	3− 7	1− 3	4	4÷ 2	8	54× 6	1	9
1	4	1− 2	3	13+ 8	5	20+ 7	3− 9	6
96× 3	35+ 5	8	9	6	7	4	1− 2	1
4	8	63× 1	14× 2	7	12+ 6	9	60× 3	5 5
5− 7	2	9	48× 6	3÷ 3	4	80× 1	5	5− 8
486× 6	9	7	8	1	2	5	4	3
9	360× 3	6	5	4	1	8	5− 7	2
6− 8	5− 1	2− 5	7	6− 9	3	2	2− 6	4
2	6	3− 4	1	4− 5	9	18+ 3	8	7

320

14× 7	2	19+ 4	2− 9	5− 8	3	180× 1	6	5
30× 1	5	8	7	180× 4	9	3	2	3÷ 6
2÷ 4	6	7	5− 8	3	5	8− 9	1	2
2	1512× 7	9	4	6	1	80× 8	1− 5	756× 3
2− 3	1	30× 5	6	17+ 9	8	2	4	7
2− 6	10+ 4	1	3	2	9+ 7	5	288× 8	9
8	20+ 3	11+ 6	35× 5	7	2	4	9	1
9	8	2	2÷ 1	120× 5	6	7056× 7	3	4
4− 5	9	3	2	1	4	6	7	8

321

6− 7	8− 1	9	3÷ 2	6	1− 5	25+ 8	3	4
1	36× 2	10+ 3	20× 4	5	6	2− 7	9	8
3	6	7	1	26+ 8	9	5	4	2
896× 8	25× 5	1	10+ 7	3	13+ 4	9	13+ 2	54× 6
2	3 3	5	1− 8	7	3− 1	4	6	9
4	7	2	6− 3	9	48× 8	6	5	1
22+ 5	9	2÷ 8	54× 6	10+ 4	3	2	1	15+ 7
3− 6	8	4	9	8+ 1	5− 2	10+ 3	7	5
9	10+ 4	6	5	2	7	8× 1	8	3

322

56× 7	8	16+ 4	3	9	25× 1	5	3÷ 6	[illegible]
2÷ 6	3	3+ 1	56× 7	8	5	5− 2	5− 9	4
8− 9	1− 1	2	2− 4	6	2÷ 3	7	13+ 8	5
1	2	25+ 3	64× 8	4	6	45× 9	5	378× 7
3 3	5	8	2	15+ 7	2− 4	6	2× 1	9
19+ 4	7	9	5	3	1− 8	1	2	6
2	6	2− 5	8− 9	1	7	12× 4	24× 3	8
17+ 8	9	7	30× 6	5	19+ 2	3	4÷ 4	1
240× 5	4	6	1	2	9	8	4− 7	3

323

2− 1	4÷ 8	4− 3	7	3÷ 6	2	5− 4	4− 9	13+ 5
3	2	1 1	27+ 4	7	6	9	5	8
5− 9	16+ 5	2	3	1− 4	7	64× 8	1	1− 6
4	9	4− 6	2	3	6+ 1	5	8	7
48× 8	42× 6	7	10× 1	2	5	7+ 3	4	5− 9
6	24+ 7	8	9	4− 5	6+ 3	1	2	4
3− 5	4÷ 4	3− 9	6	1	15+ 8	7	10+ 3	1− 2
2	1	8640× 4	5	8	9	6	7	3
21× 7	3	13+ 5	8	9 9	2− 4	2	5− 6	1

324

56× 2	7	4	20+ 8	3	9	12+ 6	5	1
1− 3	1− 8	9	14+ 7	5	2	4÷ 4	1	2÷ 6
4	315× 5	6− 8	2	9 9	6× 6	1	19+ 7	3
7	9	1	5 5	5− 8	3	2	6	4
90× 5	3	6	8− 9	16× 1	4	17+ 7	8	2
17+ 8	1− 6	5	1	4	294× 7	1− 3	2	4− 9
9	1− 2	3	6	7	1	2÷ 8	4	5
5− 6	1	28× 7	4	4− 2	4− 5	9	5− 3	8
10+ 1	4	2	3	6	2520× 8	5	9	7

325

4÷ 4	2÷ 1	1− 3	2	150× 5	2÷ 8	432× 6	23+ 7	9
1	2	2− 6	8	3	4	9	270× 5	7
1− 7	3÷ 3	1− 1	10+ 4	2	5	8	9	6
8	9	2	5	1	4− 3	7	12× 6	15+ 4
17+ 5	4	8	7 7	3− 9	5− 6	1	2	3
3÷ 9	3− 5	5− 4	3− 3	6	5− 7	2	1	8
3	8	9	6	13+ 7	2	60× 5	32× 4	1
3÷ 6	1− 7	4− 5	9	4	8− 1	3	8	30× 2
2	6	16+ 7	1	8	9	4	3	5

326

2− 7	5	5+ 3	2	63× 9	7+ 4	15+ 6	1	8
13+ 5	504× 8	9	54× 6	7	3	8× 1	2÷ 2	13+ 4
6	2	7	9	280× 5	1	8	4	3
5− 4	9	17+ 1	7	8	720× 5	2	1080× 3	6
9× 1	3	6	8	4 4	2	5	9	70× 7
3	1− 7	2	6× 1	6	9	4	8	5
17+ 8	6	16+ 4	8+ 3	1	189× 7	9	12+ 5	2
9	4	8	5	6× 2	14+ 6	3	7	1
2÷ 2	1	1− 5	4	3	8	378× 7	6	9

327

30+ 8	9	192× 4	2	6− 1	12+ 5	7	9× 3	6 6
5	8	6	4	7	7− 9	2	1	3
5− 6	5− 2	7	3888× 3	4− 5	1	17+ 9	8	9+ 4
1	126× 7	17+ 3	6	9	4	64× 8	126× 2	5
3− 4	3	5	9	6	8	1	7	4÷ 2
7	6	3+ 1	10+ 5	3	2	12× 4	9	8
14+ 9	14+ 5	2	19+ 8	4	1− 7	3	120× 6	63× 1
3	1	8	7	2 2	6	5	4	9
2	13+ 4	9	12+ 1	8	3	11+ 6	5	7

328

3÷ 6	5− 9	4	13+ 5	8	6− 1	7	1− 3	2
2	14× 7	3− 6	2÷ 8	4	4− 5	1	10+ 9	105× 3
3− 4	2	9	5+ 3	13+ 5	8	144× 6	1	7
7	480× 6	8	2	14× 1	108× 9	3	1008× 4	5
3× 1	3	5	9 9	2	4	8	7	6
2− 5	1	2	2− 4	7	3	14+ 9	6	8 8
3	1− 4	4− 7	6	7− 9	2	5	4÷ 8	8− 1
1− 8	5	3	5− 1	6	3− 7	4	2	9
9	7− 8	1	4− 7	3	4− 6	2	1− 5	4

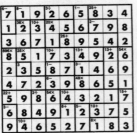

329

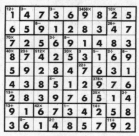

12+ 1	3− 4	7	3− 3	6	3456× 9	8	10× 2	5
6	5	8− 9	1	2	8	3	26+ 4	7
70× 7	2	5	3÷ 6	8− 9	1	4	8	3
40× 8	23+ 7	512× 4	2	20× 5	3 3	5− 1	2÷ 6	8− 9
5	9	2	8	4	22+ 7	6	3	1
4	3	8	4− 5	1	2	378× 9	7	6
13+ 2	8	3	9	7	6	25× 5	1	2÷ 4
13+ 9	1	42× 6	7	1− 3	4	14+ 2	5	8
3	5− 6	1	2÷ 4	8	5	7	11+ 9	2

330

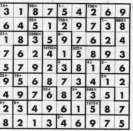

14+ 3	1	56× 8	7	1− 5	4	756× 2	6	9
6	4	25× 5	1	756× 2	9	7	1− 3	864× 8
21+ 1	8	2268× 3	5	8− 9	7	6	2	4
7	6	2	10752× 4	1	320× 5	8	9	3
5	7	9	2	3 3	8	4÷ 1	2− 4	6
22+ 9	18+ 5	6	8	7	3	4	2× 1	2
4	9	7	25+ 6	8	3+ 2	840× 3	5	1
4÷ 2	9+ 3	4	9	6	1	1575× 5	8	7
8	2	1	3	2− 4	6	9	7	5

331

10× 5	16× 4	26+ 6	8	3	9	8+ 1	7	4÷ 2
2	1	4	3÷ 9	30× 6	5	10+ 7	3	8
2− 4	6	3− 2	3	288× 8	16+ 1	9	15+ 5	7
19+ 1	7	5	4	9	6	4÷ 8	2	3
6	1− 8	7	10+ 2	1	3	4	4− 9	5
3	2	8− 1	84× 6	7	96× 4	3− 5	8	19+ 9
12+ 7	5	9	23+ 1	2	8	3	6	4
17+ 8	9	3	7	10× 5	2	2− 6	4	5− 1
9	3	160× 8	5	4	10+ 7	2	1	6

332

1− 5	6	112× 8	3÷ 9	3	34+ 7	3+ 2	1	3− 4
5− 6	17+ 8	2	2− 7	5	9	4	3	1
1	9	7	48× 8	2	6	3	20× 4	5
224× 4	35× 1	5	6	21+ 7	8	1080× 9	18+ 2	3
8	7	4÷ 4	1	6	3	5	9 9	2
7	6− 3	9	2÷ 4	3+ 1	2	8	5	6
3÷ 3	3− 5	54× 6	2	4÷ 4	1	168× 7	17+ 8	9
9	2	3	13+ 5	8	4	1	6	1− 7
2÷ 2	4	1	3	4− 9	5	13+ 6	7	8

333

3÷ 2	24+ 9	6	16× 8	1	3− 7	4	45× 3	20× 5
6	336× 7	9	1	2	1512× 8	3	5	4
8	6	140× 7	4	5	3	9	15+ 1	2
3÷ 3	30× 5	15+ 2	6	8− 9	1	7	4	8
1	3	120× 8	7	4320× 6	4	5	11+ 2	9
224× 7	2	5	3	4	9	72× 1	30+ 8	6
4	1	3 3	40× 5	8	2	6	9	7
4− 5	8	16× 4	378× 9	3	6	3360× 2	7	3÷ 1
9	4	1	2	7	5	8	6	3

334

15+ 7	8	1− 6	3÷ 1	3	14+ 9	5	15+ 4	18× 2
2− 2	17+ 1	7	2− 4	14+ 6	240× 5	3	8	9
4	9	9× 3	6	8	1	5− 7	2	1680× 5
13+ 9	7	1	3	16+ 5	2	4	6	8
3	140× 4	5	7	1	8	2 2	3÷ 9	6
1	90× 5	72× 4	9	2	25+ 6	8	3	7
21+ 6	3	2	6− 8	36× 4	7	4− 9	5	1
5	6	72× 8	2	9	4	7× 1	7	7+ 3
8	2	9	2− 5	7	2÷ 3	6	1	4

335

2÷ 4	2	23+ 8	22+ 6	5	7	81× 9	1	5− 3
1	7	2	4	24+ 3	240× 5	6	9	8
5	3− 4	3− 7	11+ 9	6	8	168× 3	2÷ 2	1
18+ 3	1	4	2	9	6	7	8	140× 5
6	10+ 9	1	48× 3	2	2÷ 4	8	60× 5	7
9	15× 3	1− 5	8+ 7	8	1	2	6	4
336× 8	5	6	1	8+ 7	20+ 9	4	1− 3	2
7	6	6− 3	480× 8	1	2	5	28× 4	15+ 9
6− 2	8	9	5	4	3	1	7	6